LIDERANÇA HUMANIZADA

Dados Internacionais de Catalogação na Publicação (CIP)
(Simone M. P. Vieira – CRB 8ª/4771)

Pedro, Maurício
    Liderança humanizada: o líder muito além do herói /
Maurício Pedro. – São Paulo: Editora Senac São Paulo, 2024.

    Bibliografia.
    ISBN 978-85-396-4307-3 (Impresso/2024)
    e-ISBN 978-85-396-4306-6 (ePub/2024)
    e-ISBN 978-85-396-4305-9 (PDF/2024)

    1. Liderança 2. Gestão de pessoas 3. Competência
organizacional I. Título.

24-2260r   CDD–158.4
                                                               658.3008
                                                    BISAC BUS071000

Índice para catálogo sistemático:
1. Liderança 158.4

LIDERANÇA HUMANIZADA

O LÍDER MUITO ALÉM DO HERÓI

MAURÍCIO PEDRO

Editora Senac São Paulo – São Paulo – 2024

Administração Regional do Senac no Estado de São Paulo
Presidente do Conselho Regional Abram Szajman
Diretor do Departamento Regional Luiz Francisco de A. Salgado
Superintendente Universitário e de Desenvolvimento Luiz Carlos Dourado

Editora Senac São Paulo
Conselho Editorial Luiz Francisco de A. Salgado
    Luiz Carlos Dourado
    Darcio Sayad Maia
    Lucila Mara Sbrana Sciotti
    Luís Américo Tousi Botelho

Gerente/Publisher Luís Américo Tousi Botelho
Coordenação Editorial Verônica Pirani de Oliveira
Prospecção Andreza Fernandes dos Passos de Paula
    Dolores Crisci Manzano
    Paloma Marques Santos
Administrativo Marina P. Alves
Comercial Aldair Novais Pereira
Comunicação e Eventos Tania Mayumi Doyama Natal

Edição e Preparação de Texto Camila Lins
Coordenação de Revisão de Texto Marcelo Nardeli
Revisão de Texto Maitê Zickuhr

Coordenação de Arte Antonio Carlos De Angelis
Projeto Gráfico e Editoração Eletrônica Leonardo Miyahara
Capa Sergio Manoel Silva
Fotografia Tarcisio de Menezes Dias
Impressão e Acabamento Gráfica Coan

Proibida a reprodução sem autorização expressa.
Todos os direitos desta edição reservados à
Editora Senac São Paulo
Av. Engenheiro Eusébio Stevaux, 823 – Prédio Editora
Jurubatuba – CEP 04696-000 – São Paulo – SP
Tel. (11) 2187-4450
editora@sp.senac.br
https://www.editorasenacsp.com.br

© Editora Senac São Paulo, 2024

Às mestras que tocaram minha alma e, mesmo sem saber, me guiam na jornada da vida. Suas lições e inspirações são faróis que iluminam meu caminho.

Aprendi a caminhar; desde então, gosto de correr. Aprendi a voar; desde então, não preciso que me empurrem para sair do lugar. Agora estou leve; agora voo, vejo-me debaixo de mim mesmo; agora um deus dança dentro de mim.

FRIEDRICH NIETZSCHE, *ASSIM FALOU ZARATUSTRA*

Sumário

Nota do editor **11**

Agradecimentos **13**

Prefácio **19**

Primeiras palavras, ou como nascem os heróis de verdade **25**

1 Desfaça-se da capa de super-herói e calce os chinelos da humanidade **33**
2 A verdadeira capa de herói: sua própria camisa **51**
3 Não é sobre salvar o mundo, mas ir se preparando **65**
4 Ninguém precisa de superpoderes para reunir uma superequipe **81**
5 Um poder em eterna expansão: a formação contínua **91**
6 Empatia: o superpoder de enxergar e sentir o outro e a si mesmo **101**
7 *Mutatis mutandis*: mudar o que precisa ser mudado para evoluir **113**
8 Uma liga de pessoas supertalentosas **125**
9 Não é necessário ter uma audição supersônica para se comunicar bem **137**
10 Liderança mediadora: o caminho para quem não é super-humano **151**
11 Inspiração: o superpoder de ter e dar asas **167**
12 Transformando a si mesmo: o líder que queremos ser **179**

Referências **187**

Nota do editor

O ideal do líder heroico e infalível permeia o mundo do trabalho há muito tempo e segue como a cultura dominante nas empresas. Trabalhar sob uma nova perspectiva, no entanto, tem se mostrado muito mais eficaz para criar ambientes profissionais mais saudáveis e, como consequência, mais produtivos.

Essa nova perspectiva é a da liderança humanizada. Sai de cena o líder super-herói, que pretende sozinho abraçar e salvar o mundo, e entra o líder humano, passível de erros e tolerante a eles. Nesse estilo de liderança, o apoio da equipe é primordial – é com ela que o líder compartilha as responsabilidades e é ela que o apoia nas tomadas de decisão. A relação que se estabelece é, portanto, mais horizontal, e o papel do gestor passa a ser o de uma espécie de mediador, que acolhe e alinha os diferentes perfis e pontos de vista em prol dos objetivos organizacionais.

É com base nessas premissas que Maurício Pedro discute neste livro a liderança. Abordando a formação de líderes, as competências essenciais e os mitos em torno da figura do gestor, o autor aponta os desafios e caminhos para a construção de uma nova liderança, capaz de favorecer o desenvolvimento de ambientes e relações mais sustentáveis.

Alinhado com esses princípios, é com satisfação que o Senac São Paulo publica esta obra e reitera seu compromisso com o mundo do trabalho, contribuindo para a formação e transformação de profissionais da área de gestão de pessoas.

Agradecimentos

Este livro é fruto de uma jornada de aprendizado, crescimento e colaboração e não teria sido possível sem o apoio e a inspiração de pessoas especiais que cruzaram meu caminho e, de alguma forma, despertaram o que há de melhor em mim. Desde o início da empreitada de escrever sobre liderança humanizada, tive absoluta consciência de que este trabalho não é resultado apenas de minha experiência individual, mas também do apoio inestimável dessas pessoas.

Agradeço aos meus pais, Elza Bueno e José Pedro, alicerces que me compõem e me estruturam. Ambos me ensinaram muito do que sei sobre empatia, coragem, respeito e integridade – valores essenciais à aventura humana. Seu legado constitui a base de tudo o que sou e de tudo o que faço.

À minha querida esposa e companheira, Goimar Dantas, que, em uma longínqua sala de aula da antiga oitava série – hoje equivalente ao nono ano do ensino fundamental –, enxergou em mim, muito antes que eu me visse como líder, a força de um diamante bruto, cujo processo de lapidação vem ocorrendo ao longo desses quase 40 anos. Obrigado por saber me inquietar e, na outra ponta, me equilibrar nos tantos momentos em que essas dinâmicas se mostraram necessárias. Caminhar ao seu lado me torna uma pessoa melhor.

Aos meus filhos, Yuri Dantas Pedro e Tailane Morena Dantas Pedro, pelo amor incondicional e pelo imenso aprendizado que é vivenciar a paternidade justamente com vocês, seres humanos incríveis que me enchem de orgulho. Vocês são minha fonte de força e de motivação diárias.

Às mulheres fundamentais que me acolheram e estiveram presentes das formas mais variadas na minha vida e às quais devo meu lado feminino muito bem entalhado: Adriana Simone, minha irmã, a quem agradeço por todo o companheirismo, segurança e zelo com que cuidou de mim em nossa infância; Denise Fernandes Balula, Rosangela de Vasconcelos Silva, Marcia Pereira Lobo e Marcia Pereira Angelo Fernandes, a quem dedico meu reconhecimento e carinho por serem, todas, um misto de mães, amigas e mentoras, mulheres poderosas e afetuosas com quem tive a alegria de conviver na minha adolescência e juventude, época em que eu era tão inexperiente quanto ávido por conhecer o mercado de trabalho e os rituais do mundo corporativo, universo que iria abrigar minha carreira e, por extensão, meu desenvolvimento pessoal e profissional.

A Carlos Alberto Fadil Lubus, por toda a generosidade e paciência com o Maurício de apenas 17 anos, permeado de incertezas sobre o futuro. Com sabedoria, Lubus me conduziu rumo ao entendimento profundo do aprender e ensinar, esta via de mão dupla tão instigante e desafiadora.

A meus gestores inspiradores: Mário Sérgio Vieira, meu primeiro chefe, um homem cuja negritude parecia estar associada à postura altiva que conquistava o respeito e a admiração de todos, e, com ele, Mário Zulu, de quem assimilei muito do que sei sobre respeito; Laércio Fernandes Marques, cuja influência é impossível não vir à tona e que, dentre muitas qualidades, tinha a capacidade genuína de olhar para dentro de nós e, dali, extrair potenciais muitas vezes adormecidos; Orlando Roberto do Nascimento, mestre na arte da delicadeza, integridade e assertividade; Maria Pilar Toha Farre, uma das mulheres mais determinadas e confiantes com quem tive a honra de trabalhar – com ela, compreendi a importância da postura, do gesto e da prática. E um agradecimento mais do que especial a Lucila Mara Sbrana Sciotti, gestora cujos princípios norteiam minha ação, meu olhar e meu cuidado com as pessoas e que, há mais de 17 anos, me contagia com seu espírito vibrante e repleto de energia.

Ao amigo de todas as horas, Gilberto Garcia da Costa Junior, parceiro, conselheiro, provocador e ouvinte com quem, há quase 30 anos, partilho a mesma viagem repleta de conhecimento, desafios e superações. Muito obrigado, meu irmão, por ser sempre um porto seguro.

A Maíra Latorre Lopez, a quem sou grato pelo incentivo para escrever este livro. Sua crença no potencial deste projeto e suas palavras encorajadoras foram a energia que me impulsionou a seguir em frente, mesmo nos momentos mais desafiadores.

À minha primeira e atenta leitora, Camilla de Almeida Garcia Duarte Fagundes, a quem devo a inspiração para os títulos dos capítulos deste livro. Sua perspicácia e astúcia foram essenciais para o desenvolvimento desta obra.

A Adilson Souza, mestre em liderança humanizada e amigo de longa data, por ter aceitado contribuir com suas palavras essenciais. Agradeço imensamente por sua gentileza e leitura generosa.

Ao amigo Sergio Manoel Silva, artista e designer de rara sensibilidade e apurado senso estético, a quem devo a belíssima capa desta obra. Sergio teve a incrível capacidade de captar exatamente o que eu sonhava em termos visuais para este livro, algo que eu não conseguia expressar em palavras. Como todo grande artista, soube construir a ponte entre o sonho e a realidade.

A Luiz Francisco de A. Salgado, Luiz Carlos Dourado e Darcio Sayad Maia, pela confiança depositada em meu trabalho ao longo desses quase 30 anos e, sobretudo, pelos exemplos de liderança em uma instituição educacional de ponta, que se destaca justamente por sua qualidade e capacidade de formar cidadãos aptos para o trabalho e para a vida em sociedade.

A Luís Américo Tousi Botelho e a toda a incrível equipe da Editora Senac São Paulo, por todo o empenho e dedicação na edição desta obra e, nesse contexto, especialmente a Camila Lins, pelo auxílio eficiente e precioso nesse processo.

Aos meus amigos, que sempre estiveram ao meu lado nos momentos de alegrias e adversidades, e aos meus liderados, que me ensinaram tanto sobre liderança humanizada na prática, contribuindo para minha compreensão do que significa liderar com humanidade. Cada interação e experiência compartilhada com vocês ampliou minha perspectiva e reforçou a importância de uma liderança que realmente respeita e valoriza as pessoas. Vocês são parte essencial deste itinerário.

E, enfim, a todos que, de maneira direta ou indireta, me ajudaram a moldar e refinar o conceito de liderança humanizada. A vocês dedico minha mais profunda consideração, e sinto uma imensa alegria por tê-los comigo.

Prefácio

Há um mundo, composto de muitos mundos, ao qual se dá a denominação geral de mundo do trabalho. Ele não é um mundo único. Ao contrário, caracteriza-se por diferentes geografias, povos, economias, culturas, tecnologias e relações de poder. Essas circunstâncias se tornam cada vez mais interconectadas e complexas, apesar de diferenças locais, regionais e nacionais, pois o mundo do trabalho reflete ordenamentos produtivos que extrapolam fronteiras e que são colocados como parâmetros de um pretendido mundo globalizado (leia--se homogeneizado).

Mas o mundo do trabalho se revela fortemente a partir não somente das grandes conexões, mas das conexões feitas de indivíduo para indivíduo. Este pode ser considerado o seu microcosmo: a relação que passa a ser estabelecida entre as pessoas que interagem no ambiente profissional.

Organizados ainda majoritariamente por funções que são definidas a partir de âmbitos de ação e de responsabilidade, os espaços de trabalho revelam estruturas de desenvolvimento de atividades, com pontos de suporte para a orientação e a coordenação das diversas funções, com o objetivo de que o conjunto possa ser coeso.

Seja em uma pequena ou em uma grande rede de pessoas, sobressai nos ambientes de trabalho justamente aquilo que resulta das relações humanas, com repercussões positivas e/ou negativas: a qualidade das interações.

Quando algum de nós se vê no encargo de coordenação e orientação de uma equipe dentro da estrutura institucional e corporativa, torna-se ainda mais evidente o desafio que é ocupar-se das relações entre as diversas pessoas de um ambiente. Essa é uma questão crucial a toda liderança.

Conheço o trabalho e a atuação do Maurício há muito tempo e venho sendo testemunha de suas inquietações e buscas na sua constituição como líder de equipes. Não se trata de um empenho fácil ou linear. Para o Maurício e para todas as pessoas que olham de frente para a função gestora que ocupam, cada dia é um dia de aprendizados, de reflexões, de considerações para recuar ou avançar, de erros e de acertos. Cada dia reflete uma possibilidade.

Maurício traz um cenário de várias compreensões possíveis para a ponderação de como ser um gestor ou uma gestora. Afinal, de quais escolhas prévias se parte ao se estabelecer a dinâmica entre pessoas nos ambientes de trabalho? Quantas vezes paramos para realizar essa reflexão? Em quais ideias e valores assentamos o nosso comportamento?

E é a partir dessa necessidade, sempre premente, de analisar a própria história e a própria forma de gerenciamento de pessoas, de grupos, de projetos, de departamentos e de finalidades do universo particular de trabalho que se torna importante o registro desse contexto de atuação em formato de livro.

Um livro é reflexo de um processo que nasce de perguntas, de estudos, de experiências, de comprometimentos, de entregas, de resoluções e de amadurecimentos.

A liderança não é um tema que se esgota como reflexão e como prática, pois se insere nas dinâmicas da vida nos seus sentidos tanto individuais quanto sociais. É processo, é escolha, é inquietação diante de problemas que parecem insolúveis e de relações que aparentam ser inviáveis. É também um conjunto de caminhos que podem trazer ao seio do trabalho o respeito, a cordialidade, o reconhecimento do outro e a convivência em bases dignas para todos. Requer muita inspiração, transpiração, determinação e, sobretudo, compromisso.

Ao trazer neste livro seus pensamentos e fundamentos, Maurício nos auxilia a olhar para o caminho também, a revisar e a escolher as bases que desejamos que componham as relações humanas desse imenso mundo do trabalho.

Lucila Mara Sbrana Sciotti
DOUTORA EM EDUCAÇÃO: CURRÍCULO
E SUPERINTENDENTE DE OPERAÇÕES
DO SENAC SÃO PAULO

Primeiras palavras, ou como nascem os heróis de verdade

E porque se dá ao luxo de ter plumas,
o pássaro pode planar pleno.
E sem planos.
GOIMAR DANTAS

Algumas pessoas têm recordações de quando eram muito pequeninas, com 1, 2 anos de idade. Nunca achei que isso fosse possível, já que eu mesmo não consigo recordar minhas primeiras lembranças de infância. Parte do que sei dos meus primeiros 5 anos vem das histórias que minha mãe conta com orgulho, das travessuras que ela diz para todo mundo que eu fazia. Coisas de menino levado, irrequieto, travesso.

Dessa fase em diante, a partir dos 5 anos de idade, minhas lembranças me trazem um menino cheio de energia, sempre com seus fiéis escudeiros – os inseparáveis cachorros –, a turma de amigos, meninos e meninas, e uma toalha amarrada ao pescoço, simulando uma capa. Meu mundo mágico de super-heróis era povoado pelo Batman, pelo Zorro e pelo Bruce Lee. Eram minhas referências, e eu tinha verdadeira fascinação e adoração por esses personagens.

Hoje percebo que, além das destrezas físicas e mentais, essas minhas três preferências estavam inclinadas a buscar um mundo mais justo para todos e a combater os males sociais. Eu não me atinha a heróis com superpoderes, como visão de raio X; os meus favoritos eram pessoas quase normais, demasiadamente humanas, com suas imperfeições, assim como nós. A defesa de pessoas oprimidas e desfavorecidas era o que regia suas prioridades. Esses heróis enfrentavam os inimigos com muita criatividade, ousadia e humor, mas sobretudo tinham a justiça como valor central na escolha de suas batalhas. De forma inconsciente, eu tinha como referências personagens mais humanos e que buscavam transformar as angústias de sua história de vida em sabedoria e força.

O mito do herói é conhecido em todo o mundo. Como afirma Jung (1977), ele guarda uma importância psicológica profunda – basta observar que mesmo em diferentes sociedades, sem qualquer contato cultural direto entre si, o mito adquire uma mesma forma, universal, única: não é por acaso que repetidamente se ouve a história do herói de nascimento humilde, mas milagroso, que demonstra sua força sobre-humana precoce, tem uma ascensão rápida, luta triunfantemente contra as forças do mal, é falível diante do orgulho e experimenta o declínio por motivo de traição ou por um ato de sacrifício "heroico".

Essa fórmula conceitual do herói, como os representados nas histórias em quadrinhos e nas telas de cinema e TV, é fantasiosa e pode até servir de inspiração para uma analogia, para uma reflexão. Mas o objetivo deste livro é justamente se ater a como os heróis de verdade se constituem. Aqui falaremos de pessoas comuns, que acordam todos os dias e têm que lidar com os desafios do cotidiano.

No mundo do trabalho, esse papel do herói muitas vezes é incumbido ao líder, que dia a dia se ocupa de metas, objetivos, projetos e da difícil tarefa de gerenciar uma equipe. Os líderes não devem ser vistos como alguém que não pode falhar, e por isso é tão importante que a liderança seja humanizada.

Minha visão de liderança humanizada se assemelha à visão de Michael Onfray quando diz ser a favor de uma filosofia utilitarista e pragmática, e não de sua "irmã inimiga: idealista e conceitual" (Onfray, 2010, p. 25). Penso que quanto menos mitificarmos conceitos e abordagens de uma liderança endeusada e heroica, menor será a dissonância em relação à realidade e melhor será a qualidade das relações, no trabalho e nos outros âmbitos da vida das pessoas. O que se busca é uma liderança pragmática e útil, tendo o princípio da utilidade, ancorado em Jeremy Bentham e John Stuart Mill, como base: a maior felicidade para o maior número de pessoas (Onfray, 2010).

No livro *O monge e o executivo*, de James C. Hunter, há um trecho que diz que a liderança pode ser considerada a habilidade de influenciar pessoas a trabalharem entusiasticamente para atingir os objetivos identificados como sendo os do bem comum (Hunter, 2004). Na minha visão, a liderança se trata, em parte, de saber articular desejos e necessidades de quem lidera e de quem é liderado, gerando motivação.

Foram as experiências que vivi ao longo da minha trajetória profissional e pessoal que me fizeram ter a compreensão de que o papel do líder não é ser um herói infalível, mas prover um ambiente de acolhimento e justiça, no qual todos possam se sentir seguros e confiantes para realizar seu trabalho, aprender e se desenvolver. O campo de atuação do líder é a projeção do futuro, e um dos seus legados deve ser a criação de instituições valiosas e longevas (Posner; Kouzes, 2013). Para isso é fundamental ter uma equipe saudável, produtiva e respeitada, ancorada em valores, e por isso é de sua responsabilidade criar condições para que os colaboradores se engajem e se motivem.

Tenho muito orgulho da minha formação acadêmica, mas valorizo sobretudo o que chamo de currículo oculto, que são as diferentes interações humanas que tive ao longo da minha vida e que contribuíram para alicerçar a forma como penso, ajo e sinto. Nesse sentido, algumas pessoas se destacam por terem sido referências e colaborado singularmente para a minha eterna transformação. Muito do que sou hoje é fruto dos ensinamentos de grandes e valiosos professores, mentores e amigos. Foram eles que ultrapassaram as questões profissionais e ajudaram a arquitetar as bases dos meus conhecimentos, e, mais que isso, da minha conduta.

E, como considero que o contexto é um dos melhores pontos de interpretação, parto dele, do meu contexto de vida, para contar, a partir de minha perspectiva, o que considero uma liderança humanizada, educadora e, sobretudo, desmistificada e esvaziada de heroísmo.

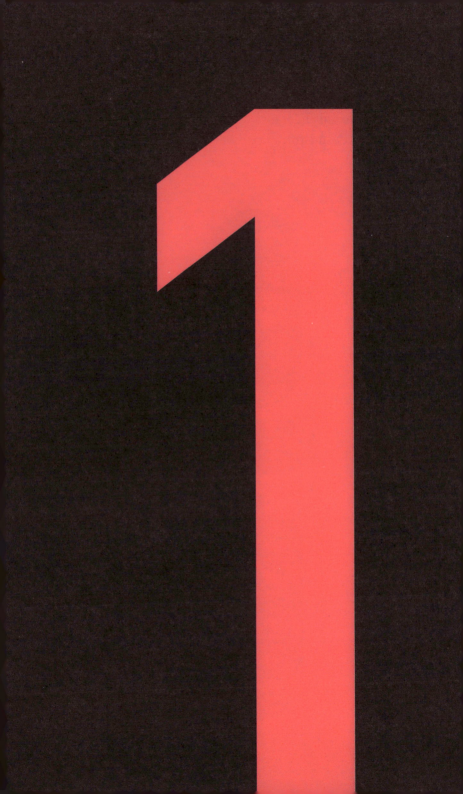

Desfaça-se da capa de super-herói e calce os chinelos da humanidade

Para ser grande, sê inteiro: nada
Teu exagera ou exclui.
Sê todo em cada coisa. Põe quanto és
No mínimo que fazes.
Assim em cada lago a lua toda
Brilha, porque alta vive.

FERNANDO PESSOA

A cidade, digo, a empresa, está em perigo. Você corre até a cabine telefônica mais próxima, rasga a sua camisa e voa para combater a concorrência, motivar a equipe e bater as metas da companhia. Não, calma! A sua camisa pode nem ter custado tão caro, mas talvez ela seja mais importante do que o uniforme de super-herói. Então vamos fazer o seguinte: de forma metafórica, tire a capa, arregace as mangas e assuma que, como humano, você é muito melhor.

Essa cena nos faz imaginar a empresa como uma grande revista em quadrinhos ou uma tela de cinema, da qual surgem vilões, mocinhos e bandidos. É como se os líderes incorporassem a figura dos super-heróis que precisam, sozinhos, salvar o mundo, recorrendo para isso a personagens mitológicos e infalíveis. É como se o mundo fosse uma eterna fábula, desconectada da realidade mais basal e natural do ser humano comum, o que cria um contexto distópico e acaba nos oprimindo na busca pela perfeição.

A função dos mitos, segundo Joseph Campbell, é estimular a tomada de consciência da sua perfeição possível, a plenitude da sua força e a introdução da luz solar no mundo, de modo que destruir monstros é simplesmente destruir as coisas sombrias (Campbell, 1990). Os mitos servem para nos dizer como enfrentar, suportar e interpretar o sofrimento, porém a leitura que se faz deles não deveria ser a de que a vida não tem ou não pode ter sofrimentos. Afinal, como também perguntaria Campbell (1990), quem, em que tempo e lugar neste mundo, ficou a salvo do sofrimento da vida? Em um mundo repleto de mazelas, injustiças e sofrimentos que debilitam o moral das pessoas, o mito é um recurso lúdico e imaginativo que pode colaborar para suavizar a forma como lidamos com a vida. O errado, nesse caso, é transformar esses mitos em verdades impositivas que aprisionam as vulnerabilidades do que é ser uma pessoa comum.

Em uma perspectiva diferente da que entende o líder como uma figura mitológica, podemos dizer que líderes bem-sucedidos são os que criam ou possibilitam novos contextos, nos quais muito mais pessoas tenham oportunidade para contribuir com ideias e melhorias e, assim, gerar sucesso nos negócios. São ainda aqueles que integram, incorporam e compartilham, sem a preocupação da autoria, privilegiando o conjunto. O entendimento de que apenas algumas pessoas iluminadas são as salvadoras não pode mais ser uma crença valorizada ou reforçada nos ambientes corporativos.

Até pouco tempo, a tendência era ver os líderes como heróis, pessoas carismáticas e brilhantes que tinham todas as respostas. Campbell (1990) nos apresenta uma reflexão importante a respeito daqueles que ocupam essa posição. Para ele, o líder, em termos psicológicos, deve ser analisado como aquele que percebeu o que podia ser realizado e o fez. O autor ainda nos faz uma provocação ao perguntar se o líder é realmente alguém especial ou simplesmente aquele que está à frente da onda (Campbell, 1990). Essa reflexão nos faz indagar se, muitas vezes, ser líder também não é apenas uma questão de estar no lugar certo e receber os louros por todo trabalho feito, como se não houvesse equipe, como se realmente fosse possível conduzir uma empresa sozinho.

Não são poucos os livros, palestras, seminários, *workshops*, cursos, entre outros, que se referem à figura do líder e o tratam como um ser imbatível e repleto de superpoderes, um ser capaz de se superar a todo instante. Essa imagem, além de utópica, é injusta, causa desconforto e, não raras vezes, gera frustração, decepção e um sentimento enorme de impotência. Faz, ainda, com que a gente pare para refletir sobre os excessos impostos como verdades. Em *Assim falou Zaratustra*, de Nietzsche, já citado na abertura deste livro, há um trecho muito provocador a respeito dessas figuras magníficas e grandiosas, mas ao mesmo tempo perturbadoras, angustiantes: "Ah, cansei-me desses homens excelsos, os melhores dentre os melhores: sua 'excelsitude' dá-me ganas de fugir – para o alto, para longe, para o super--homem!" (Nietzsche, 2010, p. 177).

Essa corporificação, no líder, de um personagem heroico pode representar um equívoco para a formação de novos líderes. De acordo com Peter Senge (*apud* Crainer, 2009), a visão tradicional de que líderes são pessoas especiais, capazes de determinar rumos, tomar decisões fundamentais e energizar as pessoas está profundamente arraigada em uma perspectiva individualista e não sistêmica, especialmente no Ocidente, onde os líderes são considerados heróis, grandes homens e mulheres que tomam a frente em tempos de crise. Para o autor, enquanto não ressignificarmos o mito do onipotente, continuará a ser reforçado o foco nos eventos momentâneos capitaneados por heróis carismáticos. No fundo, essa visão tradicional de liderança baseia-se na premissa de que as pessoas são impotentes e incapazes de dominarem as mudanças, que só podem ser remediadas por alguns, nesse caso grandes líderes ou heróis (Senge *apud* Crainer, 2009).

Transformar-se no melhor líder possível não é algo que envolve apenas uma perspectiva individual e dirigida para si mesmo. A responsabilidade é ainda maior perante os outros, pois muita gente espera que o líder faça mais do que o melhor possível. As pessoas esperam que ele contribua para o desempenho, o bem-estar e a evolução dos que estão em seu entorno e sob sua gestão. Do outro lado, ainda há a família, os amigos e a vida social. Muitos líderes não conseguem equilibrar as responsabilidades, os anseios e as cobranças da vida profissional com os aspectos da vida pessoal. Esse cenário só aumenta a angústia dos líderes e a sensação de incompetência ao qual estão submetidos, reforçando o mito do sujeito heroico.

Em pesquisa da Harvard Business School, executivos seniores dizem que o equilíbrio entre vida pessoal e profissional é, no melhor dos casos, um ideal ilusório e, no pior, um completo mito (Groysberg; Abrahams, 2014). Contudo, admitem que, quando podem fazer escolhas planejadas a respeito de quais oportunidades agarrar e de quais abrir mão, em vez de simplesmente reagir às emergências, conseguem se envolver de forma mais significativa com o trabalho, a família e a comunidade. Os executivos ainda admitem ter descoberto a duras penas que prosperar em altos postos é uma questão de compatibilizar criteriosamente trabalho e vida familiar, de modo a não se perder, não perder seus entes queridos nem deixar de lado a busca pelo sucesso (Groysberg; Abrahams, 2014).

Ao observar o movimento de altos executivos que resolveram abandonar a carreira e ingressar em mundos alternativos, espirituais, transcendentais, em alguns casos tardiamente, não se pode deixar de pensar que essa entrada em uma nova trajetória é a busca pela liberdade, como se antes estivessem aprisionados em suas vestimentas e armaduras heroicas:

> É na angústia que o homem toma consciência de sua liberdade ou, se se prefere, a angústia é o modo de ser da

> liberdade como consciência de ser, é na angústia que a liberdade, em seu ser, se problematiza para ela mesma (Sartre *apud* Bornheim, 2011, p. 47).

É como se esses executivos, de repente, percebessem que viveram uma vida infeliz e amargurada e que precisam se libertar dessa carapaça para conseguir seguir em frente, o que é uma pena, já que poderiam ter vivido mais o presente e descoberto antes do final da jornada que o bacana era a vista do caminho.

Quando se propõe uma liderança humanizada, sugere-se também aos líderes uma reflexão no sentido de humanizarem seu pensamento e, por consequência, seus comportamentos e atitudes. Diriam Posner e Kouzes (2013, p. 299-300):

> É preciso coragem para agir com humanidade e humildade. É necessário ainda mais coragem para admitir que você nem sempre está certo, que não pode prever todas as possibilidades, que não pode imaginar todos os futuros, que não dá para resolver todos os problemas, que não pode controlar todas as variáveis, que nem sempre é simpático, que você é, afinal, humano.

Você já parou para pensar no perfil de personagens como Bruce Wayne, Peter Parker e Clark Kent? Não precisa ser um especialista em histórias em quadrinhos para saber que são heróis solitários, com histórias de famílias despedaçadas e que vivem, de maneira geral, isolados. Eles representam os dois lados de uma mesma moeda e refletem a falta de equilíbrio emocional e uma infelicidade incontida, que transborda em forma de melancolia e, muitas vezes, tristeza e solidão.

Essas questões são postas para nossa reflexão a respeito da narrativa do líder bem-sucedido, imbatível, viril e, em muitos casos, desprovido de humanidade. Não raro, essa imagem é promovida e disseminada no ambiente corporativo como um percurso natural de referência para novos líderes. Como já dito, essa narrativa corrosiva nos remete à ideia equivocada de que apenas poucas pessoas notáveis são capazes de liderar.

É importante sempre lembrar que, como afirmam ainda Posner e Kouzes (2013, p. 293-294), "a liderança não é predeterminada, não é hereditária nem congênita. Não há evidências que confirmem a afirmação de que a liderança está impressa no DNA de uns poucos indivíduos e de que todos os demais carecem desse atributo e estão fadados a ser meros seguidores". A liderança pode ser aprendida, pois compõe-se de um padrão observável de práticas e comportamentos e de qualificações e habilidades identificáveis e acessíveis a todos (Posner; Kouzes, 2013).

Uma busca rápida na web pela palavra "líder" resulta em imagens e conceitos simbólicos de uma pessoa bem-

-sucedida, arrojada, que se destaca dos outros, que está à frente de seus subordinados, apontando para o futuro, muitas vezes de braços cruzados e posando como um super-herói. Essa é a imagem do líder que culturalmente é posta e que faz o ideal, o fantástico e o invencível parecerem reais. Por outro lado, como mencionamos na comparação com alguns super-heróis, repare que esse líder pode estar sozinho e sua imagem não parece compreender o valor que uma equipe agrega, passando a impressão, mais uma vez equivocada, de um ser desprovido da necessidade do conjunto, do coletivo.

Não é possível realizar uma proposta de trabalho conjunto se a equipe for vista em um nível inferior. A natureza do ser humano subentende a existência do outro. Quando as pessoas se isolam, agem de maneira distante e individual, é improvável que consigam fazer mais coisas do que quando estão imbuídas de um forte senso de relacionamento e engajamento com os colegas. O colegiado, o estado de pertencimento, o fazer parte de um grupo, o ter com quem compartilhar e partilhar trazem a percepção e o sentimento de bem-estar, permitindo às pessoas se sentirem comprometidas, saudáveis e produtivas.

Trazendo a neurociência para a discussão, Levitin aponta que a memória é falível, não só pelas limitações de armazenamento, mas sobretudo pelas limitações de recuperação – acredita-se que a maior parte das experiências conscientes é armazenada; a grande questão é achá-las e trazê-las de volta (É hora..., 2015). Isso reforça a dimensão fundamental do coletivo e ressalta a importância de o líder contar com pessoas que possam ajudá-lo a conduzir os desafios impostos a seu papel, já que a sobrecarga nas decisões cotidianas pode resultar em baixa produtividade e desmotivação. Por isso, os líderes que contam com o apoio da equipe nos processos decisórios são os que têm melhor aproveitamento do tempo e tendem a fazer uma gestão mais saudável e equilibrada (É hora..., 2015).

Em um sentido geral, esse tipo de líder que é apresentado como ser onipotente tem, na maioria das vezes, um codinome: trabalho. Ele dedica longas horas à empresa e está sempre à disposição para alcançar e melhorar os resultados do trimestre. Seu uniforme de herói é uma camisa com a logomarca da empresa. Essa imagem, contudo, é tóxica e não deveria ser considerada referência, padrão ou modelo; ela leva o líder a acreditar que deve cotidianamente trabalhar na carga máxima, a todo vapor, sempre no modo *on*, mesmo quando dorme – se dorme. Assumi-la como guia para a carreira pode ser uma fonte de estresse e de outras doenças psicopatológicas contemporâneas. O corpo e a mente requerem momentos de descanso, de ócio, de paz e de equilíbrio. Não há nada de errado em querer ser bem-sucedido e ter uma posição de destaque, mas devemos nos preocupar com os excessos, o absurdo e os desajustes míticos inalcançáveis.

A mitologia dos quadrinhos costuma estabelecer duas personalidades para cada herói, o alter ego de cada um. São personalidades que se dividem, por exemplo, entre o milionário e o herói, ou o fotógrafo e o herói; são figuras comuns que, quando não estão sendo heroicas, convivem com os amigos e familiares de forma superficial e os relegam a segundo plano, gerando frustração pela ausência rotineira.

Os líderes que seguem esse modelo também tendem a percorrer um caminho semelhante na trajetória profissional. E, enquanto seu alter ego está em evidência na empresa, do lado de fora parceiros afetivos estão desapontados e o abismo entre eles vai se tornando cada dia mais insuperável. No final de semana, o líder, ainda mentalmente vestido com seu traje de trabalho, não consegue se desvincular da adrenalina do dia a dia da empresa nem desfrutar do sonho que um dia planejou. Em muitas ocasiões, fica à espera de uma ligação para que resolva uma emergência qualquer, numa ansiedade que não tem fim. E, quando menos espera, as relações amorosas e afetivas estão se desfazendo e os amigos se foram. A emoção de estar submerso no trabalho já está corroendo corpo e mente. O líder está cansado e sem chão, e à beira de um colapso esse super-herói decide parar. Ganhou algum dinheiro e *status* e, então, parte para uma jornada espiritual – um ano sabático na Índia ou no Tibete, uma peregrinação pelo Caminho de Santiago de Compostela, uma visita ao papa, ou mesmo uma ida a um mosteiro em busca de quietude e paz. À procura do tempo perdido, recoloca-se no mercado como um mentor. Assim, pode ensinar a todos como evitar o mesmo tipo de colapso pelo qual passou e a não ter as frustrações que acabaram levando-o a se tornar tardiamente o que agora propõe que os outros sejam.

Infelizmente, nesse círculo vicioso, o próximo líder na escalada hierárquica corre o risco de reproduzir os mesmos comportamentos e atitudes destrutivas, seguindo um modelo criado por antecessores que, embora no exercício da função tenham vendido uma imagem de líder indestrutível, em algum momento da vida perceberam a desilusão e o vazio de uma liderança corroída pelo sucesso dogmático.

Se você acha que é tarde demais, pois já vestiu sua capa de super-herói e identificou um padrão, um modelo a ser seguido, a sugestão é refletir sobre essas questões e dedicar um olhar mais acurado para essa metáfora. Nenhuma análise que nos leva a uma nova conduta, a uma visão de mundo diferente e que nos ajuda em nossas relações, é tardia. Ter uma visão crítica sobre os personagens que idealizamos e que podem estar nos aprisionando é essencial. Modelos mentais assumidos como verdades absolutas devem ser questionados, e a reflexão sobre as crenças que nos foram ensinadas pode ser uma chance de compreensão do que nos limita ou nos impulsiona; é, sobretudo, uma oportunidade de aprendizado, mudança e transformação. No mundo contemporâneo, comportamentos autoritários e julgamentos preconcebidos não cabem mais. Já passou da hora de encerrar ciclos que se baseiam em crenças ultrapassadas e que acabam por reforçar injustiças e preconceitos.

Em *O príncipe*, no capítulo "Da crueldade e da piedade, e se é melhor ser amado ou temido", Maquiavel apresenta a tese de que, para ser temido, deve-se ser cruel e, para ser amado, deve-se ser piedoso. O autor explora como princípio a necessidade de ser temido, e portanto cruel, com base na crença de que os homens são ingratos, volúveis, fingidos e dissimulados. O ideal seria ser amado e temido, contudo o próprio Maquiavel entende que esse é um feito muito difícil, quase impossível, e por isso sugere que o preceito é ser cruel e temido – e, como ser amado não será possível, é preciso cuidar, ao menos, para não ser odiado (Maquiavel, 2022).

Ora, a empresa não é uma cidade-estado pós-medieval. O dever do líder não é provocar medo e insegurança nos indivíduos, levando-os a deixar seus sonhos da porta para fora. Um dos seus objetivos mais nobres, aliás, é inspirar as pessoas a terem sonhos factíveis, passíveis de se tornarem realidade, além de demonstrar que a organização pode ser a via para alcançar essas pretensões. Do outro lado, também é seu papel demonstrar que cada colaborador deve ser parte importante do propósito da organização para que ela cumpra sua missão.

O líder tem uma responsabilidade diferente – não é uma questão de ser melhor do que ninguém, mas sim de saber que seu papel reside na condução da equipe para o equilíbrio, para o encontro entre objetivos e propósitos.

A figura do líder, por sua vez, não deve ser confundida com a organização. Ele é uma pessoa com seus próprios propósitos, assim como cada um de seus colaboradores. Os propósitos da organização em que ele trabalha não serão sempre os mesmos que os seus ou dos indivíduos liderados, mas trabalhar para alinhá-los possibilitará a todos prosseguir numa mesma trajetória, traçando metas e objetivos comuns.

Como pondera Cooper (2009), embora a liderança exija um compromisso com o crescimento, o aprendizado e o desenvolvimento de cada pessoa e atenção às demandas individuais, a tomada de decisão deve se pautar no que é melhor para a equipe, e não no que é melhor para um colaborador específico. É necessário reconhecer, principalmente, que o bem geral e coletivo está acima do individual. Ao proporcionar e fortalecer o trabalho em equipe, o líder parte da premissa de que um trabalho feito por todos pode ser melhor do que o trabalho feito por uma única pessoa; assim, reconhece o valor da equipe enquanto conjunto e fortalece o significado do apoio mútuo para o bem da organização, criando um legado que reforça a importância da liderança para as empresas (Cooper, 2009).

A função do líder é, portanto, inspirar sem ser odiado ou amado. Sem ser cruel ou piedoso. É seu papel buscar a justiça, enxergar o todo para tirar o melhor de cada um, para o bem da organização e, claro, para o seu próprio bem. Ser líder é, sobretudo, ser humano, gentil, acolhedor, justo e sensível ao ambiente e às pessoas que estão inseridas nele. Quando se está em uma posição de liderança, é fundamental não deixar de enxergar os indivíduos sob sua regência e fazer um exercício constante de empatia: como seria estar no lugar daqueles que estou liderando?

A maioria de nós detesta a incerteza, mas a tolera muito melhor quando pode confiar em um líder que procura defender seus interesses, demonstrando calma, lucidez, coragem e, de alguma forma, apontando a direção. É em gente assim, que manifesta empatia pelo outro, que as pessoas confiam, e é esse tipo de líder que as pessoas ouvem.

Diante de tudo isso, proponho que você se desfaça da fantasia que criaram em torno da ideia do que é liderar e se coloque na posição de quem entende e compreende suas responsabilidades sem se deixar levar por devaneios do mercado que exacerbam o lema da alta performance. Ou seja, aposte no equilíbrio, invista na empatia, aporte valores que todos reconheçam e trace uma ponte de confiança e respeito entre você e sua equipe.

A verdadeira capa de herói: sua própria camisa

O herói é alguém que vive radicalmente à distância com relação a si e ao outro, seja como tensão entre o ser e o dever ser, seja como cisão interna, seja como oposição entre vida real e ideal.

CHRISTIAN DUNKER

Se a empresa fosse uma cidade criada como um cenário de filme de super-herói, você seria o comandante de um supergrupo, no estilo Liga da Justiça, com recursos e poderes quase ilimitados para combater os vilões (seja lá quais fossem) e para manter a ordem e o funcionamento das coisas a todo vapor. Mas já sabemos que essa não é uma realidade plausível e que você não tem superpoderes. Na verdade, como líder, você é uma pessoa normal, como qualquer outro membro da empresa, com a responsabilidade de resolver os desafios que precisam ser solucionados.

E o que se espera de um líder é que ele busque compreender, ainda que de maneira geral, os objetivos, anseios, desejos e expectativas de cada membro de sua equipe, de forma que possam contribuir eficientemente para a empresa e para o crescimento dos indivíduos. Tudo isso sem esquecer que ainda há os objetivos da organização e da própria liderança para serem equacionados nesse alinhamento de interesses, além de, fundamentalmente, os propósitos de cada um desses lados.

Ainda que as organizações, em sua maior parte, almejem lucro para seus sócios e acionistas, o que está por trás disso e que sustenta os resultados são objetivos mais específicos, tais como atingir metas de produção, alcançar determinados mercados, lançar novos produtos, buscar inovação, ampliar a base de clientes, entre outros desafios. Para chegar a esses objetivos, o desenvolvimento dos colaboradores passa a ser também não só uma ferramenta, mas uma meta essencial das empresas. E é nessa intersecção que pode haver o encontro de propósitos.

Sabemos que alguns encontram satisfação pessoal no trabalho e outros têm no emprego um meio de proporcionar oportunidades que os levem a atingir metas mais audaciosas. Contudo, em menor ou maior grau, essas expectativas se misturam e, raramente, alguém desenvolve um trabalho apenas por dinheiro ou apenas por satisfação pessoal. Quanto mais o tempo passa, mais o equilíbrio é desejado.

Talvez por isso tantas pesquisas apontem que muitas pessoas não estão felizes onde estão ou com o que fazem. Elas dizem ter pouca ou nenhuma satisfação ou prazer ao desenvolver suas tarefas e sinalizam carregar um fardo que se torna mais pesado ao longo dos anos, enterrando sonhos e alimentando frustrações. Esse cenário é muito preocupante quando pensamos na saúde no ambiente de trabalho, tanto em relação às pessoas quanto em relação ao futuro da organização (Matos; Portela, 2006).

A máxima de que qualquer caminho serve quando não sabemos aonde queremos ir diz muita coisa sobre fracassos pessoais e, logo, organizacionais. É necessário gerir com mais simplicidade e clareza, manter o foco e traçar uma relação direta com o negócio. É fundamental ter um alvo, uma mira, pois o resultado que se busca, o que queremos, vai depender dessa clareza. Quanto melhor identificarmos um objetivo a ser alcançado, menor será o desgaste das equipes, menor será a energia empregada e melhor será o resultado e a sinergia. E, nesse sentido, quando a liderança é despreparada, acaba por impactar os colaboradores, o que gera falta de engajamento, apatia e, muitas vezes, o desligamento.

E, uma vez que estamos falando de uma direção a ser seguida, poderíamos pressupor que todos têm e devem ter os mesmos objetivos, mas já sabemos que a realidade não funciona bem assim. Da mesma maneira, devemos ficar atentos à falácia de que todos devem vestir a camisa da empresa, como uma segunda pele, ou trabalhar com a prerrogativa de que "somos uma família".

O líder deve, na verdade, contrariar o senso comum que compara uma equipe de trabalho a uma família, pois isso é, no mínimo, equivocado, já que as estruturas são bem distintas e não se igualam ou equiparam. É melhor pensar que, quando as pessoas vestem a *própria* camisa e alinham-se aos propósitos da empresa, os resultados tendem a ser potencializados. Não pode haver expectativas que gerem desencontros e dissonâncias.

O que as pessoas realmente querem é poder expressar suas singularidades e assim contribuir para o que está proposto, alinhando os seus propósitos aos do grupo e aos da organização, encontrando o que é comum a todos, para que haja senso de pertencimento sem que se abra mão do que é próprio de cada indivíduo.

James Hunter diz que a liderança é uma questão de amar as pessoas e se doar para ajudá-las a alcançar o melhor de si (Hunter, 2004). Racionalmente, dizer que um líder deve amar as pessoas com quem trabalha pode soar um pouco inusitado e descontextualizado. Mas amar é também, entre outros significados, um sentimento relacionado a aproximar, a proteger ou a conservar a pessoa pela qual se sente afeição. Então se quando pensamos em amar as pessoas no trabalho nos atemos ao essencial do verbo, da palavra, tudo bem.

Hunter (2004) diz ainda que um líder eficiente é aquele que desenvolve as habilidades e as qualidades morais que o capacitam a inspirar e influenciar um grupo de pessoas e que um grande indicativo da qualidade da liderança é saber se as pessoas lideradas saem da experiência melhores do que antes. Os líderes têm a responsabilidade de criar as condições adequadas para o desenvolvimento das pessoas que trabalham junto a ele, e o êxito delas representa o triunfo no exercício da função de liderança. Uma das evidências dessa conquista pode ser percebida quando um colaborador resolve deixar o departamento ou mesmo a empresa para enfrentar novos desafios – quando há o reconhecimento da contribuição do líder para o processo de aprendizagem e amadurecimento, ele tem motivos para se orgulhar de sua trajetória como gestor de pessoas.

Um líder dirigente e visionário, que transmite mensagens de forma clara, que se preocupa com o desenvolvimento da equipe, incentiva e reconhece o ambiente de diversidade faz com que as pessoas tenham suas diferentes habilidades aproveitadas da melhor forma, gerando, assim, resultados ainda melhores para os colaboradores e a organização (Borin; Fieno; Sampaio, 2015).

O fato é que se o trabalho for visto apenas como fonte de recursos financeiros, e não também como fonte de crescimento e realização, as organizações ignorarão totalmente as outras necessidades humanas, necessidades estas que envolvem fatores intangíveis como aprendizado, autoestima, orgulho, competência e prestação de serviços (Posner; Kouzes, 2013).

O ambiente de trabalho deve, sim, proporcionar a identificação de valores compartilhados, nos quais a empatia e o compromisso com o ser humano guiem relações saudáveis e respeitosas. Deve ser um lugar no qual o líder possa criar condições de conversação e reflexão, um espaço democrático e aberto ao diálogo. Mas, ao mesmo tempo, o líder precisa ter e induzir o senso de urgência, buscando gerar sempre melhores resultados enquanto mantém o espaço de aprendizagem e troca. Esse é um processo de construção coletiva que privilegia a estruturação de uma cultura organizacional de aprendizagem.

Os executivos que representam as empresas normalmente se dizem preocupados com o processo de formação e aprimoramento de seus líderes e com os impactos que as novas gerações podem causar no ambiente de trabalho. Mas poucos são aqueles que declaram ter em suas organizações programas consistentes para desenvolver competências de liderança voltadas à geração do milênio, ou *millennial* (Deloitte, 2014).

A formação de um líder não se dá por mágica, de um dia para outro. Ela é a expressão de conhecimentos, constituída, primordialmente, por situações e experiências vivenciadas, além de estudos e cursos que o auxiliam com ferramentas e reflexões. De modo geral, é um processo de amadurecimento, que vai fazendo o ocupante do cargo se tornar um líder.

Dificilmente teremos bons líderes com pouco tempo em determinada função. Por isso, é utópico querer recrutar um profissional recém-formado, com pós-graduação, iniciar com ele um processo de capacitação e acreditar que ele estará apto a ocupar um cargo de liderança sem ter passado por experiências relacionais com superiores, pares e colaboradores. É necessário tempo para que haja autorreconhecimento e a ciência da responsabilidade e do impacto que o líder pode causar nas pessoas com quem trabalha.

O perfil e as competências desejadas para o novo líder incluem lidar com as transformações e mudanças pelas quais o mundo vem passando, reunir e administrar equipes diversas e promover e gerir ambientes colaborativos, criando assim condições nas quais as pessoas possam encontrar significado no que fazem e tenham orgulho de pertencer à organização. Mas, sobretudo, espera-se que os novos líderes adquiram a capacidade de fazer perguntas em vez de se colocar apenas na posição de quem tem todas as respostas, para assim ampliarem seu diálogo com as novas gerações, que são, por natureza, extremamente questionadoras (Erickson, 2015).

As perguntas funcionam como catalisadores, permitindo que a atenção se volte para o que realmente importa em determinado momento; elas servem para direcionar o olhar para problemas que interessam à organização, além de indicar o foco das principais preocupações e guiar a equipe para soluções que tragam respostas mais efetivas. Quando perguntas são feitas, o indivíduo tende a explorar sua mente em busca de respostas, se questionando e formulando hipóteses que facilitem a elaboração de explicações. Nesse sentido, ser honesto e demonstrar real interesse no que os colaboradores têm a dizer, escutando a opinião deles e o que eles pensam é fundamental. E, por mais que a decisão final não agrade a todos, cria-se um senso de compartilhamento a respeito de como e por que ela foi tomada.

A liderança é o exercício diário de fazer as expectativas de cada membro da equipe convergirem com as expectativas organizacionais. Esse exercício envolve invariavelmente lidar com pessoas e requer um mínimo de experiência e vivência. Por isso, espera-se que o líder saiba lidar com problemas complexos do cotidiano, como orientar e capacitar as pessoas sem desconsiderar a história de vida de cada uma delas. Faz parte do seu papel ter clareza dos propósitos e da missão da empresa, traduzindo-os de forma a promover um ambiente colaborativo e que permita que os colaboradores aprendam, se desenvolvam, caminhem em uma mesma direção e alcancem os resultados esperados.

Também cabe ao líder a responsabilidade de entender a cultura organizacional na qual está inserido e trabalhar para desenvolver outras pessoas que possam ocupar o seu lugar. Nessa perspectiva, ele precisa estar pronto para mudar e, se for o caso, deixar a posição aberta a um novo colaborador. Quanto mais apego ao cargo, maior será a dificuldade para encarar novos desafios e oportunidades – a liderança é um processo transitório, que terá fim, e por isso é preciso abrir passagem para outras pessoas. Consequentemente, é necessário preparar a equipe, organizar os processos e criar padrões que possam servir de base para mudanças e melhorias, alicerces que serão essenciais para uma sucessão tranquila. Promover atitudes e comportamentos que levem os colaboradores a incorporar a consciência empreendedora como forma de se manterem atualizados, empregáveis e prontos para o mercado permite formar uma equipe forte e competente.

Recai ainda sobre o líder a expectativa de que ele seja o guardião dos valores institucionais, conduzindo as equipes para o alinhamento organizacional e o cumprimento da missão da empresa. Por isso é imprescindível que ele consiga mediar relações de conflito, de modo a minimizar os problemas potenciais e possibilitar que, no ambiente de trabalho, tudo transcorra da maneira mais harmônica possível.

A palavra, o enunciado, a proposta e o destino que se quer alcançar têm muita força como determinantes de um caminho possível, da realidade projetada, esperada e sonhada. O ideal é saber aonde e como queremos ir, pois nessa caminhada aparecerão diversas bifurcações, obstáculos e atalhos que podem atrasar a busca ou ajudar a encontrar o que se procura. No mundo do trabalho, estabelecer essa perspectiva é papel de um líder visionário, que, além de tornar o que se deseja possível, criando oportunidades para todos, deve projetar o futuro, sem esquecer que este é uma travessia que requer consciência para que também se aproveite e aprecie o trajeto. É como disse Guimarães Rosa em *Grande Sertão: Veredas*:

> Eu atravesso as coisas – e no meio da travessia não vejo! – só estava era entretido na ideia dos lugares de saída e de chegada. Assaz o senhor sabe: a gente quer passar um rio a nado, e passa; mas vai dar na outra banda é num ponto mais em baixo, bem diverso do em que primeiro se pensou. Viver nem não é muito perigoso? [...] Digo: o real não está na saída nem na chegada: ele se dispõe para a gente é no meio da travessia (Rosa, 2001, p. 51 e 80).

Portanto, é essencial que, ao traçarmos nossos objetivos e metas, não percamos de vista a importância de viver plenamente cada momento da jornada. A felicidade não está apenas no destino final, mas em cada passo dado, em cada desafio superado e em cada aprendizado adquirido ao longo do caminho. Afinal, a verdadeira realização está em encontrar alegria e propósito no presente, enquanto construímos o futuro que desejamos.

Não é sobre salvar o mundo, mas ir se preparando

A humanidade não se divide em heróis e tiranos. As suas paixões, boas e más, foram-lhe dadas pela sociedade, não pela natureza.

CHARLES CHAPLIN

A empresa está pegando fogo. Você e sua superequipe precisam apagar o incêndio. É urgente. Um corre para jogar água e outro para bloquear o caminho diante do desastre iminente. Sirenes tocam sem cessar.

Não, esse não pode ser seu dia a dia. Líderes e gestores não são super-heróis e devem se perguntar a que ponto esse cenário caótico não é reflexo de seus comportamentos e atitudes, que acabam por gerar um ambiente que se alimenta de adrenalina, nem sempre saudável.

Segundo Waytz e Mason (2014), para ter sucesso como líder, é preciso, em primeiro lugar, ser capaz de estabelecer prioridades claras, delegar tarefas e abandonar aquelas que não são importantes e que terão menor impacto nos resultados. É necessário também redefinir as expectativas no que se refere a uma carga de trabalho viável e factível, considerando aquilo com que o cérebro é capaz de lidar. Os autores mencionam estudos que apontam que pessoas cronicamente dedicadas a multitarefas falham em alocar recursos para definir prioridades, esforçando-se demasiadamente para filtrar informação relevante, o que prejudica a qualidade do trabalho e o desempenho.

O ambiente emergencial pode até parecer empolgante no curto prazo, mas o estado de euforia constante sobrecarrega mesmo o mais resistente dos membros da equipe, o que ao longo do tempo levará a ausências, seja por esgotamento momentâneo, seja pela busca de águas mais tranquilas para navegar e estar. De modo geral, o que a equipe precisa é de um estado de rotina, que gere estabilidade, cabendo ao líder criar condições, diretrizes, normas e padrões, tanto para processos como para comportamentos e atitudes. Isso deve ser feito não de forma doutrinária, mas como maneira de proporcionar um ambiente saudável, no qual as pessoas se sintam confiantes, confortáveis e seguras. Equipes equilibradas, harmônicas e felizes tendem a trabalhar com mais efetividade e inovação.

Um sistema muito aberto pode causar dualidade, falta de foco, dispersão de energia, ansiedade e improdutividade e virar uma gestão por conveniência. O contrário também pode ser verdadeiro, e o excesso de burocracia e normas tende a inibir o processo criativo. O padrão deve servir como *status*, estrutura basilar que permite mudar o próprio padrão. O processo de gerir e liderar é um processo contínuo de melhoria e que pode também provocar rupturas, o que em algum momento gera também mensagens difusas e confusas. Portanto, cabe ao líder ser a pessoa norteadora, uma espécie de bússola para toda a equipe, e indicar a trajetória a ser percorrida. O líder, sobretudo para os liderados, representa um alicerce, então quanto mais estável ele for, mais a equipe se sentirá confortável e segura.

O ritmo do mundo atual tem gerado o aumento de doenças provocadas por estresse, como depressão, e uma rotina saudável pode se apresentar como uma chave para a felicidade e o equilíbrio. Segundo pesquisas realizadas pela ISMA-BR (International Stress Management Association), 30% dos profissionais brasileiros sofrem de *burnout*. O problema pode afetar qualquer pessoa, independentemente de idade, sexo ou atividade profissional.*

O termo *burnout* passa a ser estudado na década de 1970 pelo psicanalista norte-americano Herbert Freudenberger, que o define como um "incêndio interno", "um esgotamento dos recursos físicos e mentais" que vai ocorrer na área da vida onde há mais expectativa de sucesso, o que, em geral, corresponde ao trabalho (Freudenberger; Richelson, 1987 *apud* Vieira, 2010, p. 271). Pesquisando trabalhadores dos setores de serviços/cuidados, a psicóloga Christina Maslach também chama de *burnout* um fenômeno semelhante, que define como uma "síndrome psicológica em reação a estressores interpessoais crônicos no trabalho" (Maslach; Schaufeli; Leiter, 2001 *apud* Vieira, 2010, p. 271). O *burnout* causa exaustão física e mental, acarretando problemas emocionais e de relacionamento na vida pessoal e profissional. A pessoa se sente sem saída, sem energia e esgotada. É tudo

---

* Disponível em: http://www.ismabrasil.com.br/?con=faq&idi=pt-br&obj=site&pag=15. Acesso em: 3 jun. 2023.

o que um líder não deveria desejar para a sua equipe, ou para a sua própria vida.

Ainda que metas possam ser alcançadas em um estado de tensão, se não há uma gestão humanizada, em algum momento pode se romper o alinhamento dos propósitos da organização e de seus membros em razão do constante sacrifício pela superação sem limites. Em um cenário desse tipo, não demora muito para que o respeito mútuo seja negligenciado, criando uma falsa impressão de que a produtividade é mais importante do que o bem-estar dos colaboradores. Comparativamente, podemos dizer que não há um organismo que resista ao bombardeamento constante de adrenalina, assim como não há um ambiente de trabalho que suporte excesso o tempo todo.

Viver em um ambiente de trabalho sob um estado de euforia incessante, no qual cada desafio é apresentado como fonte de energia, não deveria ser algo desejado. Os líderes deveriam investir em ambientes mais equilibrados para compreender que, em espaços de trabalho onde há estabilidade e certa calmaria, os resultados tendem a ser mais consistentes para a empresa e as equipes. Para os próprios líderes, esses cenários são uma oportunidade de realizar análises mais apuradas sobre perspectivas de manutenção ou mudança.

A liderança não pode ser encarada como um princípio matemático e expressa numa equação do tipo: liderança = carisma + personalidade + competência + habilidades + inteligência + poder, passível de ser aplicada a alguém e, instantaneamente, produzir um líder. Em primeiro lugar, é preciso ter sensibilidade e respeito ao próximo, e nesse sentido a inteligência emocional é um fator que o líder deve desenvolver e praticar no seu cotidiano, sempre visando agir com empatia e equilíbrio junto a seus colaboradores.

Pesquisas realizadas por Amy Cuddy, Susan Fiske e Peter Glick revelam que indivíduos vistos como competentes, mas que falham no aspecto afetividade frequentemente provocam inveja nos outros. Essa emoção é complexa, pois mistura respeito e ressentimento, o que pode gerar efeitos ambíguos – o respeito nos motiva a colaborar e nos aproximar dessas pessoas, enquanto o ressentimento pode levar a represálias severas. Por sua vez, aqueles que são percebidos como simpáticos, mas incompetentes, tendem a despertar piedade, o que também provoca sentimentos mistos – a compaixão nos incentiva a ajudar quem desperta nossa pena, mas a falta de respeito pode resultar em negligência (Cuddy; Kohut; Neffinger, 2013).

De acordo com Meshanko (2013, p. 67, tradução nossa):

> Colaboradores e pessoas que ocupam cargos de média gerência prestam muita atenção à forma como seus líderes atuam e se comportam. Assim, a depender de suas próprias

> aspirações, uma das duas coisas acontece: ou eles tentam imitar as atitudes e os comportamentos que acham que os levarão ao seu próprio sucesso ou se distanciam daqueles que não respeitam ou cujos comportamentos veem como contraproducentes.

As emoções e os sentimentos, como observamos, são fundamentais na atuação do líder e na gestão da equipe. E assim a inteligência emocional, entendida como a "capacidade de reconhecer e compreender as emoções em si e nos outros e usar essa consciência para gerir os próprios comportamentos e relacionamentos" (Bradberry; Greaves, 2009, p. 17, tradução nossa), pode ser um fator-chave para liderar. Muito embora a inteligência emocional seja algo intangível, ela afeta concretamente a forma como gerenciamos o comportamento, navegamos nas complexidades sociais e tomamos decisões pessoais para alcançar resultados positivos, como afirmam Bradberry e Greaves (2009).

Assim, cabe ao líder estabelecer uma rotina de trabalho clara, na qual cada colaborador saiba onde começa e termina a sua responsabilidade. Esse é o ponto determinante para que os processos fluam com o mínimo de resistência e para que seja possível, em um ambiente de normalidade, desenvolver o olhar sistêmico sobre a equipe e saber em que ponto o fluxo está bloqueado e por qual motivo. Essa percepção é fundamental para definir quando é hora de agir ou de simplesmente deixar que a própria equipe tome as rédeas do que precisa ser feito.

Um ambiente de normalidade requer que autonomia e independência sejam assumidas como valores da gestão, de modo que a tomada de decisão passe a ser compartilhada e compreendida pelos colaboradores. Criar uma liderança amplamente distribuída melhora significativamente o desempenho de toda a organização. Nesse sentido, contar com gestores com poder de decisão e autonomia em todos os níveis é fundamental. Esse processo de compartilhamento de poder e reforço de lideranças faz com que o desempenho organizacional excelente seja uma expressão da motivação e das atitudes de líderes da linha de frente, que estão mais próximos aos clientes.

O cotidiano do líder deve incluir o contato diário com sua equipe, mesmo que seja para dar um bom-dia. Nesse simples gesto está a possibilidade de, por um breve momento, interagir com cada indivíduo, exercer e aprimorar a habilidade de se conectar com eles, sentir como está sua rotina e se há algo fora da normalidade. Naturalmente, isso depende do tamanho da sua equipe, mas uma rápida passagem, de 10 minutos, é capaz de gerar percepções que podem levar a reflexões importantes.

Em seu livro *Horizontes para a liderança: para onde nos levam nossos modelos, crenças e ações*, Lucila Sciotti lança luz sobre o significado da palavra "humano", relacionando-a à "[...] qualidade de sermos sensíveis às circunstâncias de vida e ao tratamento dado aos nossos semelhantes, com base na cortesia, simpatia, generosidade e solidariedade [...]" (Sciotti, 2019, p. 28). Lucila explicita, ainda, a importância da conexão e das relações, ao dizer: "É na rede estabelecida a partir de cada pessoa, com inúmeras interações com os outros indivíduos, que se formam as principais características de um local de trabalho". E crava: "A questão central da gestão de pessoas é... *gente!*" (Sciotti, 2019, p. 29).

Muitas vezes é possível identificar, por um simples desconforto, que há certa tensão entre pares, que alguém está com problemas pessoais ou mesmo qualquer outro tipo de descontentamento momentâneo. Duas ou três palavras trocadas podem ajudar a corrigir e a reorientar uma questão que poderia emperrar projetos ou colocar em xeque a produtividade do time ou mesmo a estabilidade da equipe.

Em um ambiente caótico, que muitas vezes é gerado de maneira equivocada e artificial, como forma de pressionar a execução das tarefas, fica mais difícil ter uma percepção mais acurada do fluxo: está tudo dentro da normalidade? As entregas estão no nível de qualidade desejado? O estado de força-tarefa constante, desorganizado, onde tudo é urgente, atrapalha a evolução do trabalho e o desenvolvimento profissional das pessoas, o que não é bom para ninguém, nem para a empresa, nem para os colaboradores.

Algumas das situações mais desafiadoras e estressantes que as pessoas enfrentam podem estar no contexto do trabalho, já que é um dos lugares de maior convívio social, e com pessoas com as quais nem sempre gostaríamos de partilhar. Para a liderança, ter atenção à forma como as relações se desenvolvem é fundamental, já que os conflitos no ambiente profissional tendem a diminuir quando as pessoas passam a simplesmente evitar problemas para não gerar atrito, enquanto tendem a explodir quando as pessoas não conseguem gerir sua raiva ou frustração e descarregam nas outras. O ideal é que o líder proponha e incentive conversas construtivas e diretas, mas sempre muito respeitosas.

O líder tem como uma de suas responsabilidades servir de exemplo e, ao mesmo tempo, proporcionar um espaço com condições de normalidade para que o colaborador possa se desenvolver e desenvolver seu trabalho de maneira reflexiva, produzindo e atingindo suas metas. Se o desenvolvimento profissional está intimamente ligado à autorreflexão, à reflexão a respeito do trabalho e do lugar ocupado na equipe, a impossibilidade da reflexão impede a evolução individual.

Nem todos podem se tornar líderes, é no que acredita Ram Charan, autor de *O líder criador de líderes*. Ele diz que os líderes pensam e agem de maneira diferenciada, sendo possível identificá-los se soubermos o que procurar e aguçarmos o poder de observação. Para Charan, a liderança é aprimorada pela prática e pela autocorreção, de modo que os líderes passam de nível conforme aprendem a lidar melhor com a complexidade e na medida em que são mantidos imersos em processos desafiadores e de aprendizagem (Charan, 2008).

Assim, podemos dizer que a liderança é uma habilidade que depende de um processo de aprendizado de longo prazo, e estar em constante atualização é fundamental para suprir eventuais *gaps* e refinar habilidades que carecem de atenção. Portanto, apurar os sentidos, como escuta e observação, fará do líder não apenas um bom gestor, mas também o deixará atento a exemplos provenientes da troca de experiência com profissionais do seu meio, permitindo avaliar as referências que devem ser seguidas e as que devem ser deixadas de lado.

Dessa forma, a chave para uma liderança humanizada, que compreenda competências tanto emocionais quanto técnicas, está relacionada ao tempo de formação do líder, já que esse é um processo de amadurecimento profissional e pessoal, que não se dá de maneira rápida. A liderança, independentemente de a considerarmos uma aptidão nata de algumas pessoas ou uma competência que pode ser desenvolvida, precisa de treino, aprimoramento e bons anos de experiência para ser exercida da melhor maneira possível. Essa prática, na qual errar deve ser encarado com naturalidade, precisa, necessariamente, gerar reflexão e a revisão de conceitos durante a jornada de amadurecimento.

O ser humano tem a capacidade de criar a sua própria realidade, já que cada pessoa é caracterizada por sua individualidade, por uma impressão digital única e uma estrutura psicológica singular. Somos um empreendimento em evolução, que nos faz pensar no futuro como um processo de planejar, traçar perspectivas, necessidades e desejos, mas que deve se valer do presente para gerar a realidade projetada.

E, ainda que o ambiente profissional não seja essencialmente um espaço de lazer, é possível, por meio da organização do trabalho, atuar e produzir de forma recompensadora. Para tanto, é preciso se permitir ousar e ser criativo. Não é factível elaborar o futuro sem considerar o que somos hoje. Não há futuro sem passado e ação sem presente. O processo de liderança não é simplesmente uma tarefa de ligar os pontos. É muito mais uma transposição contínua e permanente, na qual o futuro é simplesmente o reflexo das ações do presente.

Dito tudo isso, o que é o mais importante?

A resposta que ecoa é paz, simplicidade para fazer da jornada um caminho feliz e tranquilo. Poder voltar para casa todos os dias leve, satisfeito por ter sido possível não apenas ensinar e orientar a equipe, mas também aprender – esse é um desafio constante para o líder, e essa sensação de relaxamento e tranquilidade no fim do dia só é possível se o desgaste das atividades for equilibrado e recompensador, o que raramente é verdade em um ambiente de excitação.

Seligman (2019, p. 55) nos convida a refletir:

> Talvez o traço mais importante do ser humano para o mercado de trabalho seja a produtividade. Apesar de ser quase impossível esclarecer se a maior satisfação no trabalho faz a pessoa mais feliz ou se a disposição de ser feliz gera satisfação no trabalho, não deve ser surpresa o fato de que as pessoas mais felizes estejam nitidamente mais satisfeitas com seu trabalho do que as menos felizes.

O trabalho de um líder e gestor de pessoas é uma tarefa dignificante quando há consciência de que se lida com o desenvolvimento e o cuidado do outro, quando há consciência de que se lida com a vida do outro.

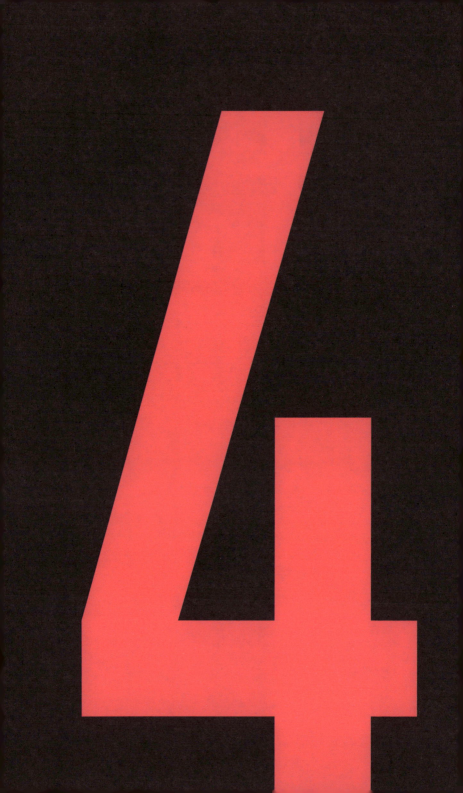

Ninguém precisa de superpoderes para reunir uma superequipe

O valor das coisas não está no tempo que elas duram, mas na intensidade com que acontecem. Por isso existem momentos inesquecíveis, coisas inexplicáveis e pessoas incomparáveis.

MARIA JÚLIA PAES DA SILVA

Esqueça agora aquela velha ideia de que existe um líder natural e que já nasce pronto. A construção da liderança é um processo consciente e que demanda tempo e atenção constante, principalmente se você pretende ser um líder humanizado. Nesse processo, é importante cuidar das relações com a equipe, bem como olhar de perto para as relações entre as pessoas que compõem essa equipe.

Nossa história é constituída por vários pedacinhos que vão dando cores e formas à nossa existência, como se fosse uma colcha de retalhos. E o que dá grandeza à colcha é o lastro de relacionamentos que conseguimos formar ao longo do tempo, a maneira como vamos cruzando os pontos e as linhas, como vamos nos encontrando, nos desviando, nos construindo, nos constituindo e nos ressignificando a cada encontro.

Como líderes, deveríamos sempre refletir sobre as perguntas que precisamos nos fazer a cada dia e que podem nos fornecer uma visão mais esclarecedora do nosso papel e da nossa função na gestão das pessoas e do negócio. A liderança humanizada deve ser educadora, mediadora, gentil e respeitosa, sem ignorar que o líder é, sobretudo e simplesmente, apenas mais um ser humano. Podemos tomar como referências grandes personalidades que lideraram sem se colocar acima das outras pessoas, como Madre Teresa de Calcutá, Mahatma Gandhi, Martin Luther King Jr., Nelson Mandela e Luiza Erundina, apenas para citar alguns exemplos.

É importante termos a compreensão de que, na prática, os líderes não são divindades e, como todos, um dia acordam bem, outro dia, não. O líder não deve ter a pretensão obsessiva de acreditar que, pela natureza do cargo, é um ser perfeito. O ser humano não é perfeito, e é justamente isso que nos torna admiráveis. É lógico que não devemos renunciar à busca diária por ser uma pessoa melhor, um ser humano mais razoável, sensato e sensível ao outro. Mas essa construção – o amadurecimento do líder – se dá com o passar do tempo, e são os pequenos detalhes que podem fazer a diferença na mudança de conduta e no olhar que os outros terão em relação a nós e aos exemplos que damos.

Essa perspectiva situa a liderança numa dimensão mais humana e realista. E, quando propomos uma dimensão humana da liderança, a centralidade deve estar mais nas pessoas, nas equipes, na maior compreensão sobre nós, no coletivo, e menos numa abordagem individualista e egoísta.

De acordo com Rajeev Peshawaria, liderança é a arte de aproveitar a energia humana para criar um futuro melhor (Peshawaria, 2011). Esse é um pensamento que se ampara na força do coletivo, do qual integração, inclusão e diversidade são motores. Nesse sentido, o papel do líder é o de impulsionador dessa energia, apontando a direção e aglutinando competências para obter resultados sempre melhores e sustentados pela soma das competências técnicas e, sobretudo, pela orquestração de habilidades, comportamentos, atitudes e experiências presentes nos indivíduos da equipe. Essa é uma concepção que compreende que a reflexão se dá na troca de aprendizados, reconhecendo a importância das experiências de vida de cada pessoa, além dos seus conhecimentos profissionais, o que gera simplificação e aceleração na formação dos colaboradores.

Para Ram Charan (2008, p. 49), "a liderança se baseia na capacidade de mobilizar os outros a concretizar uma visão, uma meta ou uma tarefa. Os líderes não podem fazer tudo; eles fazem com que outras pessoas façam as coisas por meio do gerenciamento". Isto é, por meio da delegação de tarefas, combinada com uma metodologia que assegure perenidade, os líderes procuram aprimorar as capacidades e as habilidades das equipes para que realizem melhores entregas. Eles definem expectativas, destinam as pessoas certas para realizar as atividades, bem como supervisionam as relações na equipe para garantir que alguns comportamentos destoantes não subvertam o propósito do grupo (Charan, 2008).

Quando se aceita uma posição de liderança, é fundamental considerar que a responsabilidade passa de uma perspectiva individual para um cuidado coletivo e que sua atuação causará impacto nas pessoas que estão no entorno, as quais passarão a identificar na sua conduta o rumo da liderança. O processo de liderar não é uma questão de atingir a perfeição, mas sim de se amparar em princípios que priorizem o coletivo, o que exige do líder uma atuação consistente e que permita às pessoas reconhecerem os valores que norteiam o trabalho.

De modo geral, o que as pessoas desejam é ser entendidas, apreciadas e reconhecidas em seus empregos e na vida. Sempre que tratamos do aspecto motivacional da equipe, do que impulsiona cada indivíduo para que se sinta engajado, a harmonia e a energia do grupo viram alavancas para o alcance de resultados melhores. Não importa o cargo ou posição na empresa, todos têm expectativas, e cabe ao líder procurar entendê-las para alinhá-las ao que a organização espera, sempre privilegiando, contudo, o conjunto.

Os líderes não têm capacidade real e objetiva de motivar seus colaboradores, já que esse é um processo muito particular e intrínseco a cada ser humano e tem relação direta com o que cada um vive no presente e com o que projeta para o futuro. Mas faz parte do papel dos líderes, enquanto gestores, criar condições ambientais para que as pessoas se sintam motivadas e produtivas, bem como identificar as necessidades do grupo que favoreçam a execução do trabalho, promover um clima de colaboração e privilegiar o espírito de equipe em torno de objetivos comuns e do respeito mútuo.

Pessoas têm expectativas, desejos, necessidades, vontades, que podem ou não ser traduzidos em motivação. O papel da liderança na gestão de pessoas é compreender esses aspectos, que normalmente podem ser reconhecidos em atitudes e comportamentos. O objetivo aqui é identificar uma maneira de aproveitar essa energia para a melhoria não só do desempenho, mas também das relações do grupo. Para tanto, é preciso que haja confiança na equipe. Quando não há confiança, a liderança pode se tornar vulnerável e as pessoas podem deixar de acreditar nos líderes e umas nas outras, o que afetará as metas e o ambiente de trabalho.

Quando os líderes são capazes de criar ambientes de trabalho que constantemente valorizam e estimulam os funcionários, o engajamento e a motivação são ampliados. Inclusive, para que possa haver um ambiente propício e saudável para o trabalho coletivo e compartilhado, é ideal que o líder se inclua no mesmo contexto da equipe, e não acima dele. Como diz Peshawaria (2011), o mundo é muito complexo para pensarmos que apenas o líder tem todas as respostas. O autor reforça a importância da equipe quando diz que, se o líder quiser criar um futuro melhor, o que ele precisa é de *colíderes*, de pessoas que o ajudem.

Essa é uma definição muito interessante e propícia, pois contempla a dimensão humana, além de jogar luzes sobre a importância da equipe que apoia o gestor, o qual faz parte do grupo. É egocêntrico achar que um líder tem o poder de caminhar sozinho, desconsiderando que são as pessoas ao seu redor que dão concretude às expectativas organizacionais, que levam à convergência entre o possível e o real, que dão vida à liderança e que materializam metas em resultados.

Nesse sentido, um passo fundamental é a contratação de pessoas afins à organização, com o tipo certo de motivação e identificação e com valores equivalentes e próximos aos da cultura organizacional. Os profissionais que apresentam alto potencial, conforme aponta Fernández-Aráoz (2015), são movidos por uma grande ambição, querem deixar sua marca, aspiram a grandes metas coletivas, demonstram profunda humildade e investem o melhor em tudo que fazem. Por outro lado, se alguém é movido por razões puramente individuais, provavelmente não mudará sua conduta. Na posição de líder, é fundamental estar atento à composição da equipe e procurar pessoas com características como curiosidade, percepção, engajamento e determinação, que aumentarão a chance de as coisas darem certo (Fernández-Aráoz, 2015).

A clareza quanto à função, o papel e as responsabilidades que cada um exerce, assim como o processo de desenvolvimento das pessoas, são pilares importantes no exercício da liderança. Quando nos referimos à equipe e às pessoas que ajudam o líder a conduzir o trabalho, que dividem a responsabilidade da gestão, é sempre oportuno ajustar os propósitos individuais. Um exercício interessante é se imaginar em uma sala de reuniões com a equipe de gestores e refletir: são realmente essas pessoas que podem ajudar a fazer diferença?

Um poder em eterna expansão: a formação contínua

No budismo, que estudo e admiro, não há espaço para esforços descomunais. Seja comum, seja um ser humano que não procura parecer uma divindade, diferente e melhor que todos. Os sábios vão compreender o que estou dizendo.

BRUCE LEE

A formação de líderes é um dos principais desafios para empresas que desejam garantir sua longevidade. Diversas pesquisas indicam que não são raras as organizações que não possuem profissionais qualificados para assumir posições de liderança nos próximos anos. Além disso, faltam processos eficazes para identificar e desenvolver talentos internamente, a fim de preencher essas vagas em um futuro próximo (Herzog; Mano; Vieira, 2016).

Uma atividade fundamental dos atuais gestores deveria ser o desenvolvimento de potenciais talentos, para que os novos líderes se tornem competentes e alinhados aos princípios da organização. Não é que haja escassez de talentos – mesmo com os recursos financeiros e o tempo que são investidos, o que falta são processos mais assertivos que ajudem a identificar e desenvolver potenciais líderes e um número suficiente de pessoas qualificadas para ocupar os cargos de liderança de todos os níveis.

De acordo com Ram Charan, o processo de formação de um líder não deveria ser estruturado apenas em cursos e capacitações técnicas. Para ele, é necessário considerar outros fatores, como os contextos e as experiências de vida. Ele aponta que, embora muitos jovens se formem em faculdades de administração e possam desenvolver pensamento rápido, agilidade conceitual, facilidade com modelos e capacidade para diagnosticar uma situação com base em dados, essas habilidades analíticas não passam de pequenos componentes da liderança, e as lacunas se evidenciarão mais cedo ou mais tarde (Charan, 2008).

Arthur Diniz, sócio-fundador da Crescimentum, consultoria de educação corporativa, considera que, para ser um líder de sucesso e gerir uma equipe com eficiência, é necessário desenvolver algumas competências específicas, como a de influenciar e estimular as pessoas, além de ter uma vida equilibrada, praticar a ética e ter proatividade. Sobretudo, Diniz afirma que não só os conhecimentos e as habilidades farão a diferença no exercício da liderança, mas também as atitudes, pois essa é uma posição que exige mais emoção do que técnica (Um líder..., 2015). A liderança implica lidar com a complexidade das subjetividades, o que leva, inclusive, ao desinteresse de muitas pessoas por essa função, já que nem todos querem ter que enfrentar problemas que não são tão objetivos e que estão mais associados às relações humanas.

Embora possamos considerar que há indivíduos com talentos de liderança intrínsecos à sua personalidade, a formação do líder tende a se dar de maneira evolutiva, avançando passo a passo – o contexto, as adversidades, as oportunidades, as vivências e as experiências permitem um processo natural de amadurecimento. A liderança só terá correspondência e efetividade se o processo de desenvolvimento prever prática. Todo o arcabouço que inclui ferramentas, técnicas, livros e sala de aula não é, por si só, suficiente quando se pensa na formação do líder. Pessoas que têm talento para a liderança devem desenvolver e aprimorar suas competências praticando no mundo real, assumindo posições que permitam converter as experiências em habilidades e senso crítico. Entre outras coisas, é necessário que futuros líderes tenham a capacidade de compreender a dinâmica das mudanças de poder e os interesses dos tomadores de decisão (Charan, 2008).

Uma das competências que se desenvolve e se aprimora com a maturidade é a capacidade de observar, essencial no exercício da função e na consciência sobre o processo de liderar e estar atento para considerar o contexto da organização e os desafios que interferem na gestão das pessoas. Líderes bem-preparados inspiram as pessoas a fazerem coisas diferentes, a enfrentarem incertezas e a persistirem diante das adversidades.

A mudança é um dos campos de atuação dos líderes na busca por melhores desempenhos e ambientes mais saudáveis. Nesse sentido, é dele também a árdua missão de manter o engajamento das pessoas que estão sob sua responsabilidade, trabalhando para que elas não sejam desligadas ou deixem a empresa por estarem desmotivadas. Sempre custa alto, seja no quesito financeiro, seja no que diz respeito ao conhecimento, perder profissionais.

Se o engajamento é algo cada vez mais requerido nas organizações, para alcançá-lo também é necessário que o líder conheça os membros de sua equipe e demonstre interesse sincero em saber quem é aquela pessoa com quem está se relacionando, buscando entender suas perspectivas profissionais e seus objetivos pessoais. E saber ouvir é um requisito essencial para chegar a esse lugar.

É primordial que o líder compreenda a história de vida das pessoas que trabalham com ele, pois os contextos de vida e as interações sociais influenciam significativamente o comportamento delas. Ao se familiarizar com esses aspectos, o líder não apenas molda sua própria maneira de agir, mas também desenvolve e exercita a empatia. Essa compreensão permite ao líder reconhecer e valorizar as dificuldades e os desejos da equipe, criando um ambiente de trabalho mais harmonioso e colaborativo. Além disso, é importante lembrar que a influência é mútua: assim como o líder impacta sua equipe, ele também é impactado por ela.

Engana-se quem pensa que isso significa ser amigo de todas as pessoas da equipe ou que seja imprescindível comparecer a cada *happy hour*. Muito embora seja natural fazer amigos no ambiente de trabalho – alguns se tornam até amizades duradoras, que transcendem para um convívio mais próximo –, a relação no trabalho é essencialmente social. Por isso mesmo é fundamental perceber que as pessoas, em sua diversidade, muitas vezes têm interesses diferentes e não compartilhados umas com as outras.

Entender e agir de maneira empática e humanizada não quer dizer ser benevolente. Ser um chefe "bonzinho" pode ser uma verdadeira armadilha para a liderança. Se uma pessoa tem mais dificuldades de absorver críticas, por exemplo, abster-se de fazê-las por completo irá não só diminuir a qualidade do trabalho do gestor, como sobrecarregar o restante da equipe, desarmonizando-a. Relações de amizade não são o que dá o caráter humanizado da liderança; firmeza e justiça, por outro lado, são virtudes essenciais nesse processo e demonstram para a equipe que a confiança é essencial e está estabelecida no grupo. Quando a maioria percebe que as decisões são tomadas de modo a privilegiar o coletivo, o senso de justiça será mais facilmente absorvido e haverá equilíbrio nas relações.

Sem uma base de confiança, as pessoas na organização podem até aparentemente obedecer aos desejos do líder, mas estarão muito menos inclinadas a se curvar privadamente, deixando de adotar os valores, a cultura e a missão da organização de forma sincera e duradoura.

Quando não há confiança, a cultura da empresa tende a promover o individualismo, fazendo com que as pessoas sintam que é preciso estar atentas e defender seus próprios interesses. Por outro lado, se há confiança, aumenta a partilha de informações, a abertura, a fluidez e a cooperação, facilitando a troca e a aceitação de ideias.

O grande benefício de um processo íntegro é a confiança e, consequentemente, a cooperação espontânea, qualidade essencial para a relação líder-liderados. Algumas pessoas se relacionam melhor com outras e, aos poucos, quando o gestor passa a conhecer melhor os indivíduos de sua equipe e, assim, entender como eles podem influenciar positivamente uns aos outros, é possível gradativamente torná-los, de alguma forma, líderes entre si (Kim; Mauborgne, 2014).

De acordo com um estudo realizado pela consultoria KRW International, as equipes consideram líderes virtuosos aqueles que assumem comportamentos que revelam a preocupação na defesa do que é certo, que se preocupam com o bem comum, que não se importam em revelar seus erros e, fundamentalmente, que demonstram empatia. O estudo traz ainda que bons líderes têm visão estratégica, foco, responsabilidade e caráter (Liderança..., 2015, p. 14-15).

Vale dizer que caráter é considerado um traço de personalidade que pode ser cultivado e desenvolvido pelos líderes ao passo que lideram, agem e decidem. E, quando o líder busca conhecer os colaboradores individualmente, identificando a forma de agir com cada pessoa, ampliando e aprimorando a visão da equipe em sua completude, é natural que sua liderança se torne compartilhada, educadora e mais humanizada.

Empatia: o superpoder de enxergar e sentir o outro e a si mesmo

Não devemos permitir que alguém saia da nossa presença sem se sentir melhor e mais feliz.

MADRE TERESA DE CALCUTÁ

As competências necessárias a um líder precisam estar associadas aos valores e à missão da empresa. A referência é a organização, que obviamente envolve pessoas que representam a instituição. De todo modo, há competências centrais que são requeridas para formação, capacitação e aperfeiçoamento de um líder na gestão de pessoas e do negócio.

A boa liderança, entre outras coisas, deve considerar a construção de cenários que ajudem na tomada de decisão. Quanto mais sistêmica for a visão do líder, que se constitui a partir de conversas, reflexões, ações, leituras, participação em comunidades, grupos e em muita observação, melhores serão os resultados para a gestão do negócio e das pessoas. Tendo conversado sobre o encontro de propósitos entre o líder e a empresa, é importante dar um passo adiante e buscar o alinhamento de valores nessa relação.

Mas, afinal, o que é um valor? Parece adequado o que coloca Shalom H. Schwartz, que identificou cinco características definidoras de um valor:

> [...] uma crença; que pertence a fins desejáveis ou a formas de comportamento; que transcende as situações específi-

cas; que guia a seleção ou avaliação de comportamentos, pessoas e acontecimentos; e que se organiza por sua importância relativa a outros valores para formar um sistema de prioridade de valores (Schwartz, 2006, p. 56).

Essas características nos permitem inferir que um valor pode ser inclusive circunstancial e variável em função do contexto.

Valores são o que faz uma pessoa se comportar e agir de determinada forma diante de situações e ocorrências pelas quais passa e com que convive. E, quando se pensa nos valores da organização e da equipe, torna-se necessário que o líder intermedeie essa relação, para que haja o alinhamento entre eles. O líder deve ter consciência de seus valores e buscar organizações que lhe permitam agir de acordo com eles, evitando, assim, frustrações e desmotivação.

Estudos revelaram que o comportamento dos líderes explica em grande parte o engajamento dos liderados no local de trabalho e que suas ações contribuem muito mais do que qualquer outra variável isolada para fatores como comprometimento, lealdade, motivação, orgulho e produtividade. Por outro lado, as características individuais e relacionadas às questões organizacionais explicam menos de 1% do engajamento e do comprometimento dos colaboradores, bem como seu orgulho em relação ao local de trabalho (Posner; Kouzes, 2013).

O dito popular que afirma que as pessoas deixam seus chefes, e não as empresas, nos faz observar com mais atenção a relevância do gestor direto para o colaborador. O líder exerce grande influência em relação à vontade e à decisão das pessoas de ficar ou sair da organização e tem um peso considerável na trajetória de carreira das pessoas; além disso, seus comportamentos e atitudes se tornam referenciais éticos.

Os líderes que compreendem o poder da emoção, ouvindo e reconhecendo as expectativas dos indivíduos, são capazes de usá-la para motivar as pessoas para a ação e fazem isso utilizando a conexão de valores e articulando propósitos. Quando o líder atua consciente e consistentemente, de acordo com um conjunto de valores compartilhados, cria-se uma atmosfera na qual as pessoas passam a demonstrar dedicação, alinhando seus comportamentos e atitudes aos do líder e da equipe.

A honestidade, o senso de justiça e a transparência são características, e portanto valores, a serem expressos pelos líderes e colaboram para que as pessoas se inspirem e ajudem a criar uma cultura organizacional saudável e produtiva. Permitem, ainda, firmar o compromisso e engajamento dos colaboradores com a organização. Pessoas mais conscientes de seus próprios valores estão mais preparadas para fazer escolhas com base em princípios e avaliar se os da organização são aderentes àquilo que buscam.

Nunca sabemos ao certo se o que somos é essencialmente o que éramos ao nascer ou se é resultado daquilo que nos tornamos. É muito provável que essas duas perspectivas componham a persona que vamos desenvolvendo por meio das relações sociais, interações e experiências a que somos expostos ao longo da vida. Todo esse processo é sempre um grande exercício social, e é a partir do sistema de valores e crenças que utilizamos que nossos comportamentos e atitudes ganham expressão.

A vivência consistente dos valores é a maneira como os líderes demonstram sua honestidade, e credibilidade é o que lhes confere autoridade moral para liderar. A grande responsabilidade do líder é ser exemplo, pois todos os que o circundam veem em seus gestos, comportamentos e atitudes diretrizes de conduta sobre como devem e, de certa maneira, sobre como podem se comportar e se posicionar no ambiente de trabalho.

A maneira de se dirigir aos colegas de trabalho, a forma de se referir aos superiores e pares e, sobretudo, o tratamento dado àqueles considerados invisíveis nas organizações, os que comumente não são vistos e passam despercebidos – porteiros, manobristas, motoristas, ascensoristas, equipe de limpeza, copeiros e entregadores –, pode revelar muito sobre a natureza não só do líder, mas de qualquer pessoa, independentemente da posição hierárquica que ocupa.

O mundo caminha para uma diversidade fantástica. Por sorte nossa, e pelo bem da civilização, cada vez mais nos deparamos no ambiente de trabalho com as diferenças – reflexo natural das mudanças na sociedade –, sejam elas religiosas, de idade, cor, raça, gênero ou orientação sexual. E a forma como os líderes se posicionam diante dessa diversidade é crucial para alicerçar o convívio social saudável e o respeito mútuo. É essencial que, além de serem e darem exemplo, eles combatam qualquer discriminação, bem como qualquer ato de desrespeito a quem quer que seja. Cabe ao gestor prezar pela qualidade das relações entre pares e subordinados e não permitir que o ritmo de aprendizagem e compreensão de alguns possa ser confundido com incapacidade ou preguiça. As pessoas têm habilidades e competências diferentes, e é preciso estar atento para tornar a heterogeneidade e a pluralidade diferenciais competitivos.

Em décadas passadas era considerado normal escutar todo tipo de piada sobre pessoas negras, *gays* e mulheres, o que faz pensar que é imprescindível um exercício constante de conscientização de que atitudes preconceituosas, racistas, homofóbicas e sexistas, além de serem crimes, ou, na hipótese mais branda, passíveis de processos por assédio moral ou sexual, são uma maldade extrema contra o ser humano e não fazem parte de um ambiente saudável de compartilhamento de valores e aprendizado.

Algumas pessoas acham que o mundo está ficando careta, mas careta mesmo é perpetuar e não se opor a esse tipo de comportamento danoso às relações humanas. E, nesse sentido, os líderes não podem aceitar que condutas dessa natureza ocorram no ambiente de trabalho e devem estar conscientes da sua responsabilidade de orientar as equipes.

Em situações nas quais algumas pessoas insistem em deixar os velhos hábitos culturais aflorarem e passam a tecer comentários sarcásticos e maldosos sobre funcionários homossexuais, por exemplo, o líder deve ter uma conversa franca, aberta e reflexiva com sua equipe e propor, além de reflexão, uma ressignificação dos costumes diante da diversidade do mundo. Em casos como esses, é fundamental chamar as pessoas à realidade para que compreendam e entendam a necessidade da prática do respeito.

Além dos danos morais para o indivíduo que sofre com a falta de respeito e empatia, há grande impacto na performance. Meshanko (2013) aponta que, quando as pessoas são desrespeitadas, elas não nos dão o melhor de si, sua atenção, seu melhor pensamento e seu máximo esforço. Também por isso é tão importante que o gestor esteja atento a esse contexto e busque agir para que se estabeleça o respeito mútuo e se naturalize o diferente, como sempre deveria ser.

O respeito é uma construção social que emerge das relações cotidianas. Ele se constitui a partir de exemplos aos quais somos expostos e que nos ajudam a moldar nossa maneira de agir e reagir ao mundo. O sistema de valores de cada um pode e deve ir se alterando diante das mudanças sociais, das evoluções tecnológicas, dos avanços democráticos e das novas realidades. De acordo com Dunker:

> O respeito não é um sentimento privado, mas é a intuição de que existe algo além da relação de posse na qual o poder de um se impõe ao outro. Algo simbólico, capaz de articular a relação insubstituível e caprichosa do vínculo doméstico com a relação pública na qual todos somos iguais e intercambiáveis diante da lei. Sem essa experiência a situação de conflito e de diferença será interpretada como desrespeito, humilhação ou desonra. Daí a importância que o reconhecimento primário dessa relação de autoridade não seja nem apenas a submissão a uma autoridade anônima, nem a aplicação personalista da lei (Dunker, 2017, p. 127).

O respeito deve ser ativo, sem julgamentos e deve ser praticado como maneira de ampliar a consciência e efetividade nas relações; não deve ser considerado uma ação benemerente e de tolerância. Há ainda a questão da integridade, já que sem esse aspecto qualquer outra ação associada ao respeito não será vista como autêntica. A integridade é elemento essencial, que reflete como as expectativas morais e éticas são aplicadas consistentemente na cultura organizacional (Meshanko, 2013).

Estabelecer o respeito nas relações demonstra como queremos ser tratados e como tratamos aqueles com os quais interagimos. Quando o líder tem a oportunidade de cultivar um ambiente de respeito, que não apenas permite o desenvolvimento profissional, mas incentiva o cuidado pessoal e a dignidade em relação ao outro, desenvolvem-se e consolidam-se valores, comportamentos e atitudes. Isso o leva a ser reconhecido pela equipe e por outros ao seu redor, destacando-se na forma como gere e trata as pessoas.

Uma das principais características esperadas no líder é a capacidade de manter a trajetória sem se corromper. Mesmo que haja oposição rígida, mesmo que o ambiente e as pessoas que fazem parte dele não favoreçam, os líderes devem seguir. Inclusive, uma de suas funções é construir o contexto – ser capaz de articular um conjunto de valores principais é apenas o primeiro passo, que não pode estar desvinculado do comportamento e das atitudes, já que esses aspectos são percebidos e os líderes se diferenciam não somente por suas palavras, mas por suas ações.

Em muitas situações, as pessoas se rendem à cultura organizacional sem procurar identificar pontos de ruptura necessários para que ocorram mudanças e melhorias. E quanto maior o tempo médio das pessoas nas empresas, maior é a resistência às mudanças que podem alterar a estrutura e alinhar as organizações a questões contemporâneas. Nesse sentido, o líder precisará não só lidar com incertezas, mas provocar reflexões que, em certa medida, gerem incertezas, mudanças e melhorias. O líder precisa ser inconformado, questionar o *status quo* e estar sempre aberto ao novo, dando espaço ao espírito curioso que permite desvendar oportunidades, sem, contudo, agir desrespeitosamente com ninguém.

Como afirma Peshawaria (2011), o trabalho de liderança envolve a realização do sucesso pessoal, mas são necessárias muita persistência e muita coragem para manter o curso até chegar ao ponto de inflexão em que as pessoas finalmente começam a acreditar no líder e na sua visão para um futuro melhor. O respeito, como já observamos, é uma via de mão dupla e requer que a estrada das relações humanas seja pavimentada com segurança e confiança para que, quando necessário, nas disputas que ocorrem no ambiente de trabalho, as equipes recorram ao líder como grande mediador.

Mutatis mutandis: mudar o que precisa ser mudado para evoluir

É fazendo que se aprende a fazer aquilo que se deve aprender a fazer.

ARISTÓTELES

Oautoconhecimento é um grande poder que as lideranças devem almejar conquistar. A compreensão de si mesmo favorece a transformação do líder em um ser humano melhor, mais empático e também mais consciente de sua responsabilidade – e é como diz a máxima da história do Homem-Aranha, reproduzida em filmes e desenhos animados: "Com grandes poderes vêm grandes responsabilidades", ou, ainda, como está posto na Bíblia: "Daqueles a quem foi confiado muito, muito mais será pedido".* Assim, o líder que tem como princípio o conhecimento de si está no caminho certo para ser um gestor de pessoas melhor.

Podemos observar que a busca por uma melhor compreensão de si mesmo sempre esteve presente como preceito moral e como forma de expandir a consciência e alcançar o bem-estar. No templo de Apolo em Delfos, na Grécia, os visitantes, ao se depararem com o aforismo "Conhece-te a ti mesmo", são convidados a fazer uma reflexão sobre sua existência. Olhar para dentro de si demanda esforço e disciplina e, invariavelmente, envolve encarar defeitos, medos, dores e fracassos, assim como virtudes, talentos e qualidades. Contudo, é um

* Lucas 12:48.

processo que devemos perseguir, sobretudo se somos líderes e temos que lidar e colaborar para o desenvolvimento do outro.

Aprender e se conhecer envolve planejamento. Digamos que sua meta seja correr uma maratona. A primeira pergunta a se fazer é: dos 42 quilômetros a serem percorridos, quantos consigo realizar? E, ainda, quão preparado estou para encarar essa empreitada? Talvez você não saiba exatamente o que significa essa distância e, principalmente, qual sua relação com o trajeto a ser percorrido. Mas, se decidir levar o desafio a sério, precisará consultar um médico, elaborar uma rotina de treinos, correr distâncias mais curtas, mudar a dieta, fazer fortalecimento físico, até estar preparado, enfim, para a maratona.

Na preparação, com treino orientado e regular, você aprenderá sobre seu corpo, conhecerá seus limites e começará a perceber quando é possível se superar. Não apenas o corpo será treinado, mas a mente, a concentração, a respiração e o ritmo, que permitirão lidar com desconfortos e dores e ultrapassar limites físicos e mentais. Nesse processo, que envolve muito treinamento e disciplina, mas sobretudo planejamento e intenção, quanto mais você vai se conhecendo e entendendo sua própria dinâmica, mais estará apto a dizer se é a hora certa de enfrentar a maratona, se está preparado para chegar até a reta final, ou mesmo se 5, 10 ou 21 quilômetros podem ser uma ponte melhor para depois lançar-se a um desafio maior. Às vezes caminhar (ou correr) por etapas dá dimensões mais adequadas das vias que devemos tomar.

O aprendizado também é uma conquista que o líder deve almejar em seu percurso profissional, pois permite passar por experimentações e reflexões que vão impactar seu sucesso. Líderes conscientes de seu papel procuram viver as experiências como algo inusitado. Normalmente, são profissionais que têm disposição para estudar e valorizam o aprendizado, reconhecendo a importância deste no seu dia a dia.

As pessoas que desejam ser líderes devem cuidar de sua formação humana e técnica, cultivar uma conduta ética e aprender a lidar com o estresse e a pressão do cargo, preparando-se para que esses elementos não se tornem barreiras para seu desenvolvimento e possam, sim, ser alvos de sua constante superação.

É importante que o líder seja a representação das possibilidades, e não o retrato de obstáculos e problemas. Ele não pode incorporar em sua rotina condutas que o fixem em uma zona de conforto, como um elefante de circo, inerte perante as correntes organizacionais. As mudanças trazem consigo a semente da evolução, a possibilidade de rever conceitos e aproveitar oportunidades. Apegar-se a padrões e modelos ultrapassados, que podem ter funcionado em outras épocas, mas que não são mais capazes de responder adequadamente aos desafios de hoje, equivale a ignorar essa semente e ser tragado pelo ritmo alucinante com que as mudanças se processam atualmente, desperdiçando tempo, recursos, energia e o potencial do capital humano da organização – uma rota destrutiva para um líder e para a empresa.

É preciso acreditar que pode ser feito diferente. O sucesso está na capacidade de empreender, implementar e realizar. E não se pode alcançar resultados esquecendo as pessoas, vitais em qualquer circunstância. Daí a importância de se preparar, de modo constante e permanente. Cada pessoa tem sua individualidade, e a busca por respostas é igualmente individual. O desenvolvimento profissional e pessoal de cada um se dá conforme suas necessidades e interesses. Embora as pessoas possam percorrer as mesmas trilhas para chegar a um objetivo, cada um faz seu próprio caminho, já que o processo interno é único.

Nesse sentido, deve-se buscar equilíbrio para ter mente e corpo saudáveis (*mens sana in corpore sano*), e existem diversas ferramentas que podem ser úteis, inclusive se combinadas, para isso. Um bom começo para o autoconhecimento é o investimento pessoal no desenvolvimento profissional, que não significa financeiro exclusivamente, mas a disposição efetiva de participar de novos projetos desafiadores e estar perto de pessoas que contribuam para seu crescimento e aprendizado.

Talvez sejam necessárias ferramentas, abordagens de autoconhecimento, possibilidades de troca e reflexão; identificar pessoas que sirvam, ou possam servir, de mentores, que propiciem e promovam a capacidade de reflexão, provocando no líder o questionamento de seu próprio *status quo*.

Ninguém aprende simplesmente por osmose, sem gasto de energia. Contudo, estar no lugar certo e com as pessoas certas, aberto e ativamente preocupado em vivenciar ao máximo as oportunidades faz a diferença e dá chance para o processo fluir melhor. Não deve ser difícil perceber e admitir que se tem muito a aprender com pessoas que sabem mais, são mais maduras e experientes. Esse é um requisito essencial para o autoconhecimento.

Na relação com os pares, independentemente de hierarquias, a abertura para aprender é um princípio básico para o aperfeiçoamento. E quanto mais se aprende, mais se descobre o que se tem para aprender. No desenvolvimento profissional e na formação de um líder, as necessidades de aperfeiçoamento pessoal vão se intensificando conforme ele se aprofunda em sua jornada e toma consciência do processo.

O exercício físico disciplinado proporciona não apenas a saúde física necessária para a vida diária ou uma válvula de escape do estresse; pode também fortalecer a saúde mental, colaborando para que haja organização e limpeza da mente e possibilitando ao indivíduo momentos de distanciamento reflexivo, importantes para o desenvolvimento e a criação de ideias.

Assim como não se pratica sozinho algumas atividades físicas, pois há a necessidade de pares para trocar experiências, ou mesmo de adversários, mestres, treinadores e professores, o desenvolvimento pessoal também se apoia em parceiros que acompanhem o caminho. O processo terapêutico psicanalítico é uma das ferramentas de autoconhecimento que, sob a supervisão de um profissional qualificado e habilitado, possibilita ao líder trabalhar para sua evolução.

Propondo-se a refletir sobre as questões pessoais que o líder pode identificar como necessárias para encarar o próprio processo de desenvolvimento, a terapia e a análise, invariavelmente, farão com que ele se depare com suas falhas, medos e traumas e promoverá a consciência dessas questões e, sobretudo, das qualidades para enfrentá-las. Ao saber "onde o calo aperta", torna-se mais fácil enfrentar as dificuldades do dia a dia, manter a saúde mental e estar apto para lidar com as questões profissionais quando elas surgem.

Ainda, não podemos deixar de mencionar as práticas espirituais. Há aqueles que têm na fé um sustentáculo de seu desenvolvimento pessoal e social – alguns alcançam a paz se dedicando à religião e encontram na vivência da comunidade religiosa um amparo importante para sua existência. Já outros mantêm sua fé discretamente e não sentem a necessidade de frequentar um espaço dedicado a ela. Há também quem se lance em jornadas espirituais eventuais e às vezes repentinas, como o já citado Caminho de Santiago de Compostela, na Espanha (uma famosa peregrinação católica), ou se dedique nas férias ou mesmo em períodos sabáticos a visitar monastérios na Índia, por exemplo, buscando acessar determinado conhecimento espiritual (muito embora nem todos tenham a oportunidade de vivenciar essas possibilidades, seja por questões financeiras ou de disponibilidade de tempo).

Como já dito anteriormente, o desenvolvimento espiritual é um caminho possível e que fortalece aqueles que o têm como valor. Mas não é o único caminho nem um caminho imprescindível – depende da orientação de cada um. As dimensões físicas, intelectuais e espirituais são complementares, e entrar em contato com todas elas tem como objetivo o autoconhecimento e o desenvolvimento. A escolha de um ou mais caminhos a percorrer é determinada pelos valores, crenças e objetivos de cada pessoa.

Uma técnica muito difundida e que pode ajudar no processo de autoconhecimento é a meditação. De acordo com Yogananda (2013, p. 276-277), a ioga é "a ciência do controle da mente", "um método para restringir a turbulência natural dos pensamentos", que na maioria das pessoas são "inquietos e caprichosos". Ele conta que os antigos iogues descobriram que o segredo da consciência cósmica está intimamente ligado ao domínio da respiração. Portanto, "a força vital, que normalmente está ocupada mantendo a pulsação cardíaca, precisa ser liberada para atividades superiores por meio de um método que acalme e detenha as demandas incessantes da respiração" (Yogananda, 2013, p. 294). Assim, a meditação pode ajudar o líder na centralidade e no equilíbrio. Hoje, há muitos aplicativos que auxiliam com meditações guiadas. Então, se você não tem uma caverna ou uma montanha sagrada, basta se recolher sozinho em um quarto (de preferência um cuja porta você possa fechar), acalmar a respiração e tentar controlar a ansiedade. Isso vai auxiliar e muito a ter discernimento em suas decisões.

A meditação tem sido considerada tão importante que centenas de pesquisas sobre o tema vêm sendo realizadas, inclusive em centros como a Universidade de Harvard. Os resultados têm demonstrado mudanças estruturais no cérebro decorrentes da prática contínua dessa técnica, sugerindo que "meditar cerca de meia hora diariamente durante pelo menos oito semanas promove o aumento de densidade do hipocampo, área do cérebro relacionada à memória e ao aprendizado" (Scherer, 2018). Segundo Scherer (2018), a prática da meditação ainda pode colaborar em relação ao chamado presenteísmo no trabalho, quando o corpo está presente, mas a mente está em outro lugar. Ou seja, as pessoas estão fisicamente ali, mas seus pensamentos estão longe das tarefas que precisam realizar.

Todas essas ferramentas e técnicas podem ajudar no exercício profissional do líder, em que é preciso ir mais fundo e estar consciente do papel que se deve exercer em relação a si mesmo e às pessoas que estão ao redor, nesse processo de contínuo aprendizado humano.

Uma liga de pessoas supertalentosas

> Todos os homens sonham: mas não do mesmo jeito. Aqueles que sonham de noite nos recessos empoeirados de suas mentes acordam no dia seguinte para descobrir que seus sonhos eram vaidades: mas aqueles que sonham de dia são homens perigosos, pois podem atuar em seus sonhos com os olhos abertos para torná-los realidade.
>
> T. E. LAWRENCE

Dadas as mudanças sociais, econômicas e, principalmente, tecnológicas e o respectivo impacto delas em nossa vida, quando se fala em futuro há que se questionar se o espaço físico de trabalho que conhecemos permanecerá ou mesmo se haverá empregos nos moldes tradicionais, com carteira assinada e afins.

Por enquanto essa é uma pergunta não muito simples de ser respondida, pois ainda há muito a ser equalizado, como as questões trabalhistas, o equilíbrio econômico e o efeito social de todas essas mudanças. Por outro lado, é impossível desconsiderar que existe uma transformação em curso que vem tanto impactando o tipo de oferta de emprego e vagas no mercado quanto reduzindo progressivamente algumas funções – algumas já foram extintas ou estão em vias de sê-lo devido ao desenvolvimento e avanço tecnológico.

Na década de 1980, no contexto organizacional das grandes empresas, uma das principais novidades era o telex, uma espécie de máquina de datilografar ligada a uma linha telefônica que possibilitava a conexão dos escritórios numa rede mundial – praticamente a gênese do computador com acesso à internet. Havia uma pessoa treinada e especializada para operar esse aparato e cumprir essa função: o operador de telex. Depois, foi a vez do fax.

Hoje, guardadas as devidas proporções, quando se pensa nos potentes smartphones, é como se tivéssemos um telex nas mãos. E com um detalhe importante: não mais se requer alguém para operá-lo. O próprio gestor pode redigir um e-mail, uma mensagem e se comunicar utilizando as mídias sociais. Tudo isso ocorre em tempo real, dentro e fora do escritório.

Por outro lado, voltando a pensar em questões relacionais, enquanto houver pessoas nos ambientes de trabalho, presencial ou remotamente, os desafios da gestão de talentos devem permanecer e, ainda, se intensificar, inclusive no que se refere ao futuro. Atrair, desenvolver e reter as pessoas têm sido uma tríade determinante para a área de recursos humanos das empresas e o foco de lideranças.

Deve-se dar um desconto para períodos nos quais uma crise econômica pode afetar a relação de procura e oferta de vagas. Mas é importante considerar que se, num passado não muito distante, os programas para estagiários e *trainees* determinavam o caminho a ser perseguido pelos jovens que estavam se formando ou saindo das escolas, permitindo às empresas escolherem, meticulosamente, as melhores cabeças entre os muitos candidatos esperançosos por uma vaga, na atualidade cada vez mais é o jovem quem dita seu rito de passagem para o mundo do trabalho e o lugar onde quer estar. E, nesse sentido, a atração é um componente fundamental. Se os jovens não se sentem atraídos pelos valores que a empresa demonstra ter, dificilmente eles se veem trabalhando para ela.

No mundo contemporâneo, os jovens talentos estão desenvolvendo uma rica concepção de que estar bem é estar em uma organização na qual a missão e os valores devem se conectar com seu propósito pessoal. E atrair essa juventude tão seriamente comprometida com seus ideais de criação de um novo tempo – e de novos modos de vivenciá-lo da melhor forma possível – será cada vez mais determinante em termos de desafio para a gestão de recursos humanos, elo entre a sociedade e a empresa.

Uma vez que essa fronteira for ultrapassada – atrair e contratar pessoas que se interessem por determinada instituição –, manter esses talentos será um desafio ainda maior. A empresa precisa se preocupar em ser uma representação do que os jovens buscam e projetam para sua vida profissional e pessoal, pois não há espaço para dissonância entre propósitos numa sociedade na qual têm se valorizado as escolhas e o equilíbrio.

É necessário equalizar o mundo externo e o mundo interno das organizações. As pessoas querem se sentir confortáveis e reproduzir o comportamento que está naturalmente presente nos seus relacionamentos cotidianos. Querem se expressar como nas mídias sociais, o que envolve liberdade para curtir ou não curtir algo, comentar sobre a política da empresa, sobre seus líderes e pares, sobre o que gostam ou não. Desburocratizar e simplificar as relações passa a ser essencial no contexto corporativo.

A gestão de talentos precisa, urgentemente, avançar quanto aos processos de *feedback*, desvinculando-os de normas e padrões rígidos e burocráticos, meramente processuais e que, às vezes, funcionam no tempo e espaço, mas não permitem crescimento e aprendizado. Os seres humanos são seres essencialmente relacionais, seja no virtual, seja no presencial; com todo o impacto das tecnologias sobre as estruturas do trabalho, conviver com a diversidade de posicionamentos, ideias e, sobretudo, de pessoas é um ativo em que as empresas precisam investir.

A química das equipes bem-sucedidas está relacionada sobretudo à forma como as pessoas sentem a dinâmica do trabalho, influenciadas por aspectos como a frequência e a clareza do feedback entre chefe e equipe e até mesmo pelas expressões faciais durante as interações. O processo de feedback atual precisa se tornar um evento cotidiano, naturalizado, no qual não somente os jovens talentos, mas qualquer outro colaborador, sinta que pode exercer um diálogo aberto e franco com seus líderes, pares e a própria direção da empresa.

Em um ambiente de trabalho, mesmo de modo inconsciente, as pessoas estão buscando a todo tempo ser reconhecidas, recompensadas pelos seus feitos, orientando-se pelo que se espera delas e tentando se proteger de ameaças do mundo corporativo. Por isso, quando há clareza sobre as expectativas, as pessoas tendem a se sentir mais à vontade para expor opiniões sem se sentir alvo de críticas severas e desrespeitosas; quando percebem que há espaço para aprendizagem, crescimento e contribuição, as pessoas tendem a se sentir mais confortáveis para pedir ajuda.

O processo dialógico é imprescindível para conduzir a uma convergência saudável de interesses e opiniões na busca pelos resultados esperados. E o líder exerce função primordial nesse processo, sendo o elo entre seus próprios objetivos, os objetivos da empresa e os objetivos dos colaboradores. Seu papel é gerir e estimular a coesão de e entre expectativas, tornando o espaço de trabalho um ambiente acolhedor e propício ao desenvolvimento.

O líder, como facilitador do aprendizado no ambiente de trabalho, deve promover o que se pode chamar de "almoço de domingo", no qual todos se reúnem para tratar de assuntos – muitas vezes espinhosos – e buscar a resolução de problemas a partir do esclarecimento do que está sendo tratado. É importante aprofundar o que está subjacente, evitando decisões baseadas em visões meteóricas, impulsivas e irrefletidas. Mediar as conversas, classificando, analisando, elaborando e respondendo antes de tomar decisões, ajuda bastante. Avaliar e emitir opiniões sem ofender é permitido, desde que isso tenha sido combinado e que esteja claro para todos os envolvidos que essa é uma etapa da conversa e ainda não significa uma decisão definitiva. É importante ter consciência de que julgamentos tendem a trazer imprecisões e requerem cuidados.

Os membros das equipes devem ser incentivados e motivados a refletir sobre suas interações e seus aprendizados, mas é do líder a responsabilidade de estar atento aos colaboradores destoantes no ambiente de trabalho. Nem todos irão convergir para os valores e propósitos estabelecidos, cabendo ao líder identificar essas dissonâncias e promover mudanças que permitam o equilíbrio, para que as pessoas possam seguir confortáveis, confiantes e seguras.

Na falta de vínculo com os valores e propósitos, caberá ao líder o encargo de providenciar o afastamento das pessoas com atitudes e comportamentos divergentes, desligando-as do quadro funcional e, assim, permitindo que elas possam buscar novas oportunidades, alinhadas às suas crenças.

Gestores e pares são determinantes para o acolhimento das pessoas que estão iniciando uma nova trajetória profissional. Aos gestores cabe assegurar que o colaborador seja introduzido de forma gradativa às tarefas, obrigações e dinâmicas de trabalho, com tempo suficiente para compreender a atividade, permitindo que erros e acertos se deem num percurso natural e propício ao desenvolvimento. Quanto aos pares, agir com generosidade, cuidado e humanidade é fundamental nesse processo de aprendizado e compreensão da cultura organizacional.

No âmbito corporativo, não se pode negar a relevância da ética e do respeito para gerar um ambiente no qual a pluralidade seja encarada como um propulsor do desempenho da empresa. A diversidade, sendo um tema pertinente a qualquer organização, colabora para um universo no qual as pessoas se sentem incentivadas a propor soluções diferentes para os problemas do dia a dia, pois reconhecem uma maior abertura a novas ideias. Em ambientes assim, os colaboradores se sentem mais motivados e entusiasmados no que fazem, trazendo ganhos à empresa e a si próprio.

Estar apto para conduzir equipes diversas e plurais é um grande desafio para os gestores, pois envolve ter habilidades e sensibilidade para lidar com as diferenças, extrair o melhor do grupo em prol das metas propostas e, ainda, proporcionar a cada indivíduo a possibilidade de realização pessoal.

Compor uma equipe com pessoas de vários perfis e múltiplos olhares pode resultar em complementaridades muito interessantes e potencialmente estimulantes, que levarão ao melhor desempenho e engajamento das pessoas. Uma equipe heterogênea bem gerida traz, a médio e longo prazos, resultados excepcionais.

O líder, como catalisador, deve ser preparado para assumir essa função e ter condições apropriadas para gerir o fluxo das várias expectativas do seu grupo, em prol de objetivos mais centrais e comuns. Deve, ainda, representar o alicerce para construir pontes com sua equipe, fundamentadas em relações de confiança. Por isso, investir em desenvolvimento humano, sobretudo nas lideranças, é fundamental, já que são elas que podem criar um espaço aberto e inclusivo para a diversidade e compartilhar valores com vistas à promoção de um ambiente acolhedor, saudável e produtivo.

Não é necessário ter uma audição supersônica para se comunicar bem

Eu não procuro saber as respostas,
procuro compreender as perguntas.
CONFÚCIO

A esta altura, já deve estar claro que a comunicação, em todas as suas formas, é uma das chaves da gestão que preza por uma liderança humanizada. O líder tem o dever de lembrar que comunicar-se é uma via de mão dupla e que muitas vezes não é um processo direto, nem objetivo, nem envolve exclusivamente palavras.

Quando expostos, os pensamentos raramente são compreendidos pelo outro de maneira absoluta e objetiva, nos termos exatos em que o emissor os elaborou. A ideia verbalizada pode levar quem escuta a uma interpretação própria e autoral, e não exatamente ao que foi pensado e expresso pelo interlocutor.

É por isso que a comunicação é um grande desafio para os gestores. O líder deve ter o cuidado de perceber se as pessoas com quem ele se relaciona estão compreendendo o que ele deseja transmitir, se está clara a mensagem que foi emitida. Nesse processo, é fundamental estar atento às opiniões, que podem trazer uma perspectiva renovada e ampliar a consciência para as tomadas de decisões e para o direcionamento de questões importantes para a gestão.

No dia a dia, o líder e a equipe estão em constante intercomunicação, e as escolhas e orientações dirão muito sobre quais são as expectativas do gestor. Estar atento a essa relação permite compreender o que as atitudes e os comportamentos da equipe expressam sobre satisfação ou insatisfação a respeito de tarefas que precisam ser realizadas e funções a serem desempenhadas.

Quando se pensa numa equipe equilibrada emocionalmente, dificilmente um elogio ou uma crítica direta pegarão alguém de surpresa. Quando o líder investe no desenvolvimento de um ambiente de *instabilidade positiva*, instaura-se um espaço confortável em que os colaboradores se sentem à vontade para se expressar e em que as opiniões divergentes são tratadas com naturalidade. As surpresas vêm, na realidade, quando se instala um clima de constante estresse, muitas vezes motivado por atitudes do próprio líder. Nesse contexto, qualquer ocorrência pode ser vista como repreensão, mesmo quando os indivíduos estão fazendo o seu melhor.

O feedback é uma ferramenta muito utilizada no ambiente corporativo, principalmente na área de gestão de pessoas. Fazer avaliações e expor opiniões sobre a empresa, as equipes e os funcionários proporciona oportunidades valiosas para todos os envolvidos. E, para obter resultados mais positivos, é preciso entender a prática e executá-la com técnica, sobretudo com muito cuidado com o outro.

Quem nunca passou por um processo desse tipo no local de trabalho pode até achar que o feedback é simplesmente um momento para apontar erros e acertos, mas a cultura do feedback, tão necessária, vai além. Ela permite um maior alinhamento entre empresa e funcionário, e com isso ambos passam a compreender melhor o objetivo a ser alcançado e o que é necessário para chegar lá. Nesse sentido, há vários ganhos: os funcionários produzem e se engajam mais, a empresa passa a conhecer melhor os colaboradores, mais metas são atingidas, os resultados financeiros melhoram, entre outros.

O planejamento e a organização do processo de feedback são fundamentais para a implementação dessa cultura. Muitos métodos de gestão indicam que as reuniões de feedback devem ter uma periodicidade determinada, em geral anual ou semestral, quando os gestores avaliam e comunicam aos membros de sua equipe como eles veem seu desempenho, seus comportamentos e suas atitudes, além de estabelecerem um plano de desenvolvimento individual. Embora esse planejamento tenha seu valor, o líder humanizado e educador deve procurar realizar feedbacks no cotidiano, da forma mais natural possível, sem tornar isso um evento, muito menos um evento constrangedor. É preciso ter sensibilidade e intervir quando acontecem situações que requerem um feedback que pode ajudar no desenvolvimento dos colaboradores. Por isso muitas vezes não é indicado esperar o dia agendado e planejado para essa conversa – é importante que o colaborador perceba algumas condutas de maneira mais imediata e que o acontecimento sirva como uma oportunidade de crescimento profissional.

Em alguns casos o feedback trará certo desconforto, indicando aspectos – fraquezas e dificuldades – que devem ser desenvolvidos, aprimorados e melhorados. Nem tudo o que é dito é o que o colaborador quer escutar, mas o importante é saber demonstrar que há uma preocupação genuína e que o feedback não é definitivo nem um instrumento punitivo. Avaliações negativas ou corretivas não podem ser encaradas como um problema ou fardo pelo líder; ele deve estar preparado para lidar com essas situações não somente no aspecto técnico, mas fundamentalmente no que diz respeito ao equilíbrio emocional. É necessário conversar com naturalidade ao orientar um colaborador que tem um desempenho abaixo do esperado e combinado. Feedbacks negativos fazem parte do processo de desenvolvimento e não podem ser "pessoalizados", como se o gestor não gostasse do funcionário. Em um ambiente de trabalho, o que buscamos com esse processo é a profissionalização e a melhoria individual e coletiva.

Sabemos que a pandemia e o período pós-pandemia intensificaram o aparecimento de problemas de saúde mental, o que se reflete também no ambiente de trabalho. Quando destinado a um colaborador que está fragilizado, o momento do feedback exige ainda mais cuidado, principalmente se for um feedback de ajuste ou correção. Apesar da dificuldade, não podemos deixar de encarar a situação. É papel do gestor, por princípio, ser empático, cuidadoso e respeitoso com seus colaboradores, e isso inclui dizer quando as coisas não vão bem.

Por mais incômodo que possa ser, de modo geral as pessoas preferem saber como estão se desenvolvendo a não saber; a falta de informações a respeito de seu processo de aprendizagem, aliás, geralmente produz o mesmo impacto negativo das más notícias, causando ansiedade e estresse. Naturalizar a falta de um processo de feedback e não dizer nada sobre o desempenho é prejudicial ao colaborador, ao líder e à organização. É função do líder promover esse processo e esperar que aquele que recebe a devolutiva possa refletir e buscar nela sentido para si.

O feedback por si só não irá mudar uma pessoa, mas a tendência e a intenção é que a conversa entre o gestor e o colaborador, realizada em um ambiente acolhedor e seguro, propicie melhorias. O objetivo deve ser sempre dar oportunidade de desenvolvimento e aprimoramento às pessoas, evitando e limitando erros que possam prejudicar a performance.

As conversas de feedback tendem a se mostrar mais eficientes à medida que os líderes expressam com mais clareza suas expectativas a respeito do trabalho que o colaborador deve desempenhar. A empresa, seja uma instituição privada e com perspectivas claras sobre suas metas de lucro, seja uma organização que opere em favor do bem público, tem objetivos a serem cumpridos e, portanto, deve ser gerida com a devida responsabilidade e certo nível de cobrança. Assim, os colaboradores também devem ser incentivados a descobrir o motivo e o propósito de estarem ali. O ambiente de trabalho não pode ser considerado um parque de diversões – o que não quer dizer que não possa ser um espaço em que se cultive a leveza, a alegria, o companheirismo e o respeito.

Um dos propósitos do líder deve ser o de formar futuras lideranças, investindo energia e atenção aos potenciais líderes subordinados a ele, proporcionando feedback, mentoring ou coaching como parte de sua rotina, permitindo que cada interação se torne uma ocasião de apoio ao desenvolvimento dos colaboradores. O líder comprometido dedica-se ao crescimento e aperfeiçoamento de seus liderados.

É por esse motivo que em certas ocasiões o líder tem o papel de tirar as pessoas da zona de conforto, de criar, como já dissemos, um ambiente de instabilidade positiva, desafiador e provocador. Nesse sentido, o conflito, o desacordo e o contrário, e portanto a divergência, não devem ser evitados como saída para a resolução de problemas; eles podem, sim, ser uma ponte para soluções melhores e mais criativas. A tensão e o atrito têm seu valor e também precisam ser geridos.

Nesse ambiente é que o líder terá suas habilidades e competências mais requisitadas e testadas. Seu papel é essencial, pois é ele quem tem a responsabilidade de promover o equilíbrio ideal e não deixar que as divergências virem intrigas e disputas egocêntricas. Em grande medida, um ambiente produtivo e saudável depende do equilíbrio do próprio gestor, por isso é crucial que ele saiba buscar ajuda.

Ao perceber carências e buscar aprimorar competências e habilidades, tais como a tomada de decisões, o líder deve procurar profissionais que possam instigá-lo a refletir e a melhorar enquanto gestor, mas, fundamentalmente, como ser humano. Ao pedir às pessoas que se tornem o melhor que puderem, que se esforcem no sentido de se aperfeiçoarem sempre, o gestor também deve demonstrar que está igualmente empenhado em crescer e se tornar o melhor possível. Aprender a ser um líder melhor exige autoconsciência e envolve vulnerabilidade.

Alguns líderes se desenvolvem em grande parte sozinhos, corrigindo instintivamente seu comportamento a partir de seu senso crítico, mas a maioria progredirá mais rapidamente com a ajuda de um mentor para lhe proporcionar um feedback criterioso e oportuno (Charan, 2008). Sempre existe alguém que passou, se não pelos mesmos dilemas, por situações muito semelhantes. Atingir um cargo de liderança pressupõe ter sido liderado e alcançar uma posição que já pertenceu a outra pessoa. Os líderes do passado em muitos casos estão a um passo à frente na carreira, e nada mais inteligente que buscar esse conhecimento para se desenvolver. Ter referências com quem se pode contar é um fator que faz muita diferença.

No universo corporativo, há diversos métodos e abordagens, a exemplo dos já mencionados coaching e mentoring. O coaching é um processo amparado em metodologias e ferramentas que levam o profissional a refletir sobre questões profissionais e até dilemas pessoais. Não é necessário que o coach seja um especialista na área do cliente, mas que tenha a capacidade de identificar e provocar as mudanças de postura para que haja crescimento profissional. Já o processo de mentoring consiste no aconselhamento de um profissional mais experiente do que seu cliente.

Seja qual for a forma de aconselhamento que se procura, é necessário ter consciência de que aquilo que é dito é uma forma de feedback – o profissional que assessora o líder analisa a situação apresentada e comunica a ele a forma como a apreende, mas a responsabilidade de compreensão, os encaminhamentos a serem dados e as decisões são do líder. Ele deve refletir criticamente sobre essas trocas, segundo seus próprios valores, e aproveitar aquilo que reverbera em sua atuação, descartando o que não lhe diz respeito ou aquilo em que não acredita. Ainda que com ajuda e assessoramento, é exclusivamente sua a função de gerir a equipe e manter-se sempre preparado para isso, sem transferir a responsabilidade. É seu dever propor o caminho e a estratégia. E, conforme for amadurecendo na carreira, mais apto estará para, nesse processo, utilizar-se também de sua sensibilidade e intuição, já que nessa posição as decisões tomadas vão além do racional e requerem senso de humanidade.

Como já foi dito diversas vezes em capítulos anteriores, o propósito de cada indivíduo é diferente, e cabe ao líder identificar pontos de convergência entre esses propósitos distintos e potencializar esforços e energia para estabelecer um compromisso compartilhado, visando superar desafios e alcançar os objetivos postos.

É claro que não é fácil encontrar esse ponto de convergência – querer mudar a direção e a natureza de alguém à força é desgastante tanto para o gestor, que pressiona essa relação, quanto para o colaborador, que resiste à imposição. Quando o líder lança mão desse caminho e se utiliza de uma abordagem agressiva, coagindo a equipe a convergir, as consequências que virão são atrito, exaustão, estresse e desmotivação. É importante sempre lembrar que a convergência que propicia o alcance de resultados passa pelo alinhamento de valores.

A exemplo do judô, que trabalha muito bem a questão de uso da força do adversário a favor do lutador, em muitos momentos é com esse ímpeto que o líder deve atuar na equipe, buscando trazer todos para um ponto de convergência em vez de manter cada um para seu lado. Utilizar a potência e a energia de cada um e as competências distintas para ter um melhor desempenho individual e coletivo e, assim, um melhor resultado é de responsabilidade do líder. O direcionamento é para fazer com que a equipe trabalhe com harmonia e ressoe em conjunto, isto é, o resultado deve ser uma equipe organizada e consonante. Nesse processo o líder deve tentar ver as situações com certo distanciamento e considerar pontos de vistas diferentes, permitindo que os liderados percebam que têm liberdade para conversar abertamente sobre as dificuldades (Posner; Kouzes, 2013). Mostrar-se solidário, com atitudes construtivas e positivas em suas respostas, possibilita que as pessoas se abram e exponham suas ideias, frustrações e sonhos.

À exceção de algumas pessoas que preferem trabalhar sozinhas, no geral a inclinação é por espaços onde a cultura seja de colaboração e compartilhamento de ideias, ou seja, ambientes propícios à troca e ao aprendizado. A crescente complexidade que a transformação digital e a necessidade de inovar têm trazido para os negócios amplia ainda mais a exigência do trabalho colaborativo.

Ter equipes preparadas atuando conjuntamente é o que pode levar o grupo a outro patamar de performance. A atribuição concedida ao líder não pode nem deve ser exercida solitária e isoladamente, a partir de uma espécie de Olimpo. Como já defendemos aqui, líderes não são divindades nem super-heróis. Um líder está à frente de uma equipe com quem deve contar, e isso é um privilégio, pois as pessoas são os recursos mais valiosos de uma empresa. Ele tem à sua disposição toda a potência humana de cada indivíduo, além da força do grupo, para fazer diferente e provocar a diferença.

Liderança mediadora: o caminho para quem não é super-humano

> A imaginação é mais importante que o conhecimento. O conhecimento é limitado, enquanto a imaginação abraça o mundo inteiro, estimulando o progresso, dando à luz a evolução.
>
> ALBERT EINSTEIN

Em pesquisas recentes a respeito dos desafios que preocupam empresários e executivos de corporações dos mais variados segmentos econômicos, um dos principais temas mencionados é a liderança, tanto no que diz respeito à formação, capacitação e aperfeiçoamento dos atuais gestores quanto no que concerne à identificação de profissionais com talento e potencial para assumir essas posições em um futuro próximo. A 17ª edição da pesquisa Panorama do Treinamento no Brasil – 2022/2023 revela que 51% do investimento das empresas está direcionado à liderança. O relatório Global Human Capital Trends 2015: Leading in the New World of Work, produzido pela Deloitte University Press, reforça ainda mais a perenidade do tema da liderança nas empresas. E a terceira edição da pesquisa O Cenário do RH no Brasil 2023, realizada pela ABRH Brasil em conjunto com a Umanni, destaca que, em uma escala de 1 a 5, apenas 32,6% acreditam que a liderança está preparada para os desafios da gestão de pessoas, resultado que evidencia a importância do tema desenvolvimento de liderança, que nesta edição foi citado como o segundo principal desafio, mencionado por 49,6% dos participantes.

Essa preocupação parece muito natural quando se reflete sobre o papel da figura central do líder no contexto organizacional. É ele que conecta as pretensões, a missão e os valores da empresa, representada pelo seu quadro diretivo ou pelos proprietários, e as expectativas dos colaboradores – o que querem e desejam, ou seja, seus sonhos. Como já sabemos, é ele que pode, no espaço de atuação institucional, estabelecer e trabalhar para desenvolver o encontro e o alinhamento desses propósitos, expectativas, desejos, vontades e necessidades. E, diante das mudanças cada vez mais velozes e dos problemas a que as equipes estão expostas no dia a dia, mais do que dar ordens e estar sempre à frente das decisões, o líder deve criar um ambiente colaborativo e formar times com profissionais engajados e capazes de solucionar problemas com criatividade e inovação. Agora que sabemos que a busca despropositada por agir e ser herói todos os dias não é a solução dos problemas, alguns caminhos podem ser traçados para ajudar nesse trajeto do líder.

A preparação para realizar essa tarefa deve começar a partir do aperfeiçoamento de sua principal ferramenta de trabalho: si próprio. Ao entender suas próprias motivações e aspirações, forças e fraquezas, além de sua forma de ser, pensar, agir e funcionar, o líder adquire a compreensão do que precisa ser trabalhado e desenvolvido para que sua performance atinja um novo patamar de excelência. Ele não atua apenas para obter resultados em um contexto extremamente desafiador e para satisfazer diferentes públicos, mas também para atender às suas próprias aspirações de crescimento pessoal e profissional. Sem esse alinhamento entre expectativas externas e internas, não é possível canalizar e potencializar todo o conjunto de forças, talentos, motivações e aspirações de um grupo heterogêneo e conduzi-lo a um objetivo comum.

A maior parte dos desafios enfrentados pelos líderes para gerar os resultados que a organização espera das equipes diz respeito a assuntos relacionais, como resolver questões entre pares, conscientizar e cobrar o cumprimento de compromissos assumidos, incentivar e proporcionar o desenvolvimento, lidar com situações de estresse e disputas por poder e atenção, além de gerir questões envolvendo aspectos culturais e políticos. São situações como essas que impedem qualquer time de atingir metas, de ter o desempenho esperado; são essas situações que impedem, ainda, o desenvolvimento pessoal e profissional das pessoas.

Nesse desafio cotidiano de tratar de problemas relacionados à convivência humana, as funções do líder envolvem, primordialmente, orientar, saber escutar, dar feedbacks constantes – os formais e, principalmente, os informais, do dia a dia –, gerir as diferenças e mediar a aprendizagem, os comportamentos e as atitudes, para que os colaboradores passem a atuar com mais autonomia e segurança.

Um dos debates que norteiam o ambiente corporativo na atualidade é a cultura positiva de aprendizagem. A relevância dada ao tema é válida, levando em conta que o conceito permite a criação de um ambiente de acolhimento, respeito à diversidade e propício a despertar a curiosidade e a atenção das pessoas para o que acontece no seu entorno.

No processo de implementação de uma cultura positiva de aprendizagem, o líder desempenha papel central. Ele deve estar preparado para exercer sua função de modo a privilegiar a aprendizagem, promovendo ações que direcionem e orientem as pessoas a participarem de maneira ativa de seu próprio processo de aprendizado. Cabe a ele a responsabilidade de conduzir e implementar as mudanças que exponenciem esse processo. Às vezes, pequenas alterações no cotidiano da equipe podem trazer benefícios significativos.

Para que a aprendizagem ocorra de forma efetiva, é preciso que as pessoas percebam que podem tentar e, inclusive, errar, mas sobretudo que sintam que estão aptas a colaborar para o crescimento da empresa, assim como para seu próprio desenvolvimento pessoal e profissional. Quando há incentivo ao aprendizado, os colaboradores passam a ter uma visão mais positiva e a enxergar perspectivas futuras no lugar onde se encontram.

Vale lembrar que as principais necessidades das organizações estão relacionadas à sua existência futura, à sua permanência, o que inclui seus funcionários. Por isso quanto mais espaço e incentivo houver para a aprendizagem, mais longeva a organização será, já que isso se reflete na sua capacidade de adaptação, transformação e inovação, premissas estabelecidas pelo mercado para uma empresa estar em pé de igualdade para competir com a concorrência.

Outra consideração a ser feita sobre a cultura positiva de aprendizagem é seu papel na agilidade organizacional, no crescimento da receita e no engajamento dos funcionários. A atmosfera criada pelos saberes compartilhados impacta a produtividade e a geração de lucros para a organização. Dito de outra forma, se as pessoas se sentem felizes, produtivas e participantes, sem dúvida elas se engajarão muito mais no dia a dia com os colegas de trabalho e com a missão da empresa.

Algumas lacunas no desenvolvimento de competências dos profissionais devem ser supridas com formação e capacitação, pois são de natureza técnica e requerem conhecimentos e habilidades específicas. Os motivos dessas lacunas variam: podem advir do avanço tecnológico acelerado ou mesmo da chegada de novos contextos, como quando há a necessidade de adotar uma cultura ágil e voltada à experiência do cliente.

A capacitação dos funcionários resulta em melhores maneiras de atender, apoiar e respeitar o que o cliente está trazendo como insumo em termos de demanda. Nesses casos, é possível investir em formações que ajudem a criar um ambiente de trabalho no qual as pessoas se reconheçam como equipe e compreendam seu papel frente aos clientes. É urgente desenvolver uma equipe que esteja atenta às demandas dos consumidores e que consiga lidar com situações complexas, que tenha atitudes de acolhimento e entendimento como premissas.

Outra estratégia é promover trocas de postos temporárias. Dar às pessoas a oportunidade de aprender tarefas diferentes daquelas a que estão habituadas é uma excelente estratégia a ser utilizada pelo gestor que tem a intenção de incentivar a melhoria do desempenho da equipe.

Infelizmente, quando há gestores que não incentivam o aprendizado por acharem que cursos podem impactar negativamente a produtividade dos funcionários, é necessária uma reflexão sobre quais valores e crenças estão apoiando esse pensamento. Não podemos simplesmente generalizar, mas líderes que não compreendem a importância de contar com uma equipe capaz de criar e trazer soluções coletivas provavelmente estão imersos em uma cultura que não valoriza o aprendizado, o que pode ser crucial para o futuro da organização.

Uma empresa que não investe em uma cultura de aprendizagem contínua fica obsoleta e perde o "bonde" da história. Afinal, se não acompanha as referências do mundo moderno e está descontextualizada das boas práticas que levam à inovação, o cenário pode ser muito sombrio em termos de manutenção das atividades. Se o board da empresa não está consciente de que o caminho para a prosperidade passa por ter equipes evoluindo, engajadas e com vontade de aprender, é difícil culpar os líderes e gestores.

É válido reforçar que aprender é algo de extrema naturalidade para qualquer pessoa, em qualquer condição. O que as empresas precisam fazer é criar condições para que a cultura positiva de aprendizagem seja potencializada, pois ela só tem a contribuir para sua existência.

Ao possibilitar que a equipe sonhe, erre e aprenda, o líder permite que se desenvolva no ambiente de trabalho um processo de aprendizagem informal, que pode ser definida como a transferência de conhecimento semiestruturado, ocorrida pela interação entre as pessoas, independentemente de outros métodos de formação, capacitação e aperfeiçoamento formais.

Os líderes precisam considerar seriamente esse tipo de aprendizagem como ferramenta para a gestão de pessoas, já que ela acontece tipicamente nos grupos que compartilham normas, culturas e significados. Deve-se estar atento, contudo, pois em alguns ambientes essas características do grupo são tão fortes e arraigadas que acabam por impedir o reconhecimento e a aceitação de outros possíveis significados além dos que o grupo elege. É por isso que também deve fazer parte da estratégia incentivar as conversas de corredor, a pausa para o café, almoços coletivos, a celebração de datas comemorativas e dos aniversariantes. Esse movimento deixa a equipe mais confortável e disposta a interagir e trocar experiências. Se os indivíduos se sentem bem para conversar no ambiente de trabalho, dificilmente não haverá aprendizado.

A obrigação do líder no contexto da aprendizagem informal é proporcionar um ambiente acolhedor ao aprendizado entre as pessoas e que gere ganhos coletivos, de modo a tornar público o conhecimento e aproximar indivíduos em diferentes estágios, maximizando o aprendizado. Um dos fatores que facilitam a aprendizagem informal é, notadamente, a observação. O convívio com pessoas que são reconhecidas como referência consolida a formação gestora.

Não se pretende com a aprendizagem informal ignorar a importância dos cursos de formação, capacitação e aperfeiçoamento; pelo contrário, há o reconhecimento da sua condição basilar para o aprimoramento de qualquer profissional. Porém, não se pode apenas considerar as estruturas formais e convencionais para o desenvolvimento. No contexto do trabalho, o líder tem a função de criar uma série de ações e proposições e de tomar decisões que visem facilitar a aprendizagem das pessoas, formal ou informalmente. E, mais do que trabalhar questões como foco, organização, aprendizagem constante e visão estratégica, ele deve promover um ambiente acolhedor, de respeito e que estimule todos a transcender para uma posição protagonista. De modo planejado, o seu papel é transformar a empresa em uma organização que continuamente aprende e evolui e atua para o fortalecimento do grupo.

No contexto de incertezas, transformações e desafios do gerenciamento de pessoas, a liderança educadora ganha uma importância essencial, pois visa propiciar também uma mudança de comportamento dos gestores: eles devem passar a atuar na dinâmica cotidiana, nos momentos que exigem uma ação individualizada, contextualizada e situacional. Introduzir a mediação no processo de gestão é ter como base da liderança o hábito de questionar e perguntar, mais do que dar respostas prontas. Esse é um exercício difícil para os líderes, que normalmente estão envoltos em prazos e desafios diários e tendem a oferecer uma saída rápida em vez de impulsionar a equipe a encontrar soluções.

A liderança educadora encontra respaldo em Reuven Feuerstein, que desenvolveu a teoria da modificabilidade cognitiva estrutural, que postula que todos os seres humanos podem e são capazes de se modificar e que, portanto, são suscetíveis a vivenciar mudanças estruturais significativas ao longo de sua existência. Feuerstein considera duas formas de aprendizagem humana: uma delas é a experiência direta de aprendizado e interação do indivíduo com o meio ambiente; a outra é a experiência de aprendizagem mediada (EAM), que requer a presença e a ação de uma outra pessoa para organizar, selecionar, interpretar e elaborar aquilo que foi experimentado, a quem se denomina "agente mediador" (Feuerstein, 1990).

Na empresa, esse agente é o líder. E é por meio da sua mediação que o colaborador associa padrões de comportamento e informações que lhe possibilitarão se modificar. Assim, quanto mais situações de mediação houver, isto é, quanto mais o líder desempenhar sua função, mais passível de ser afetado, de se modificar e se transformar estará o colaborador.

Para que esse roteiro funcione, o líder deve ser genuinamente capaz de acreditar que as pessoas podem melhorar seu desempenho. Quando ele está focado nas pessoas, a fome de aprendizado é alimentada por estímulos que geram o desenvolvimento de todos. Em um ambiente no qual o aprendizado é incentivado, a escuta é empática e cada gesto é observado – não no sentido de patrulha, mas de apoio, atenção –, todos ficam mais confiantes, felizes e produtivos.

De acordo com a teoria da modificabilidade cognitiva estrutural, a aprendizagem envolve três dimensões: capacidade, necessidade e orientação. A capacidade é a habilidade inata das pessoas de executar uma tarefa ou desenvolver algo em determinado nível de complexidade. A necessidade diz respeito à motivação interna – o querer de cada indivíduo – e é o que leva à ação para alcançar objetivos ou metas. A orientação é o componente que dirige a ação do mediado, determinado pelo seu conhecimento sobre o assunto, por métodos e estratégias para lidar com o problema, ou seja, é o componente ligado a como fazer.

Portanto, é preciso desenvolver nas pessoas o sentimento de capacidade, a necessidade ou o desejo de fazer parte e a competência no cumprimento da função para que haja engajamento, que pode ser percebido quando há brilho no olhar das pessoas e satisfação em realizar suas funções. Uma equipe mediada, engajada e aberta para aprender consegue movimentar-se por meio do diálogo, compreendendo que a discussão de ideias fomenta a diversidade de propostas e soluções e também o pensamento divergente, que, por sua vez, instiga possibilidades e pode gerar convergência para a tomada de decisão.

O desempenho é outro ponto de alavancagem em que a liderança educadora vai atuar, pois o gestor passa a mediar as atividades cotidianas, atento a cada resposta e ao retorno que o liderado apresenta. A ação está sobre o processo, e não sobre o resultado do trabalho das pessoas da equipe, levando o liderado a refletir sobre sua evolução no que aprendeu, executou e entregou.

A prática de uma liderança educadora possibilita que cada indivíduo se transforme, ressignifique conhecimentos, conceitos, habilidades e atitudes; ela desperta a motivação e eleva a autoestima e o sentimento de competência, estimulando a capacidade analítica e o pensamento reflexivo para a tomada de decisões, já que as pessoas passam a atuar num ambiente de menor tensão e estresse. Além de equipes mais felizes e engajadas e de um bom ambiente de trabalho, os benefícios são a ampliação do aprendizado coletivo, o desenvolvimento de métodos criativos para a resolução de problemas, um maior controle da impulsividade e, portanto, melhorias na produtividade e nos resultados. Essa abordagem visa exatamente incentivar a equipe a pensar de maneira estratégica e eficaz, e não apenas aguardar que a tomada de decisão e as respostas venham prontas. Isso não quer dizer que a responsabilidade do líder diminui, pelo contrário, a busca é por potencializar a performance do time e ampliar o alcance dos resultados.

A liderança educadora é uma filosofia de gestão que tem como foco a geração de mudanças significativas e duradouras nas pessoas e, como consequência, no ambiente corporativo. Ela se faz, sobretudo, nas ações do cotidiano, no qual o líder tem como principal desafio articular as potencialidades da equipe e mediar as relações, as orientações e os conflitos, bem como, definitivamente, o processo de aprendizado dos membros da equipe.

Inspiração: o superpoder de ter e dar asas

Porque os homens são anjos nascidos sem asas, é o que há de mais bonito, nascer sem asas e fazê-las crescer.

JOSÉ SARAMAGO

Existe um segredo guardado: é possível ser herói, nem que seja por um dia, como diz a bela canção de David Bowie. Para tanto, o líder não carece de poderes extraordinários e sobrenaturais nem de habilidades especiais; muito menos ser extraterrestre ou, ainda, ter sido picado por uma aranha radioativa. O que esse profissional requer é humanidade para conviver de modo respeitoso e empático com as pessoas que estão a seu redor.

Ser herói é uma questão de oportunidade e coragem de agir no momento certo e necessário. O cotidiano de um bombeiro, um grande exemplo de herói, não é feito de grandes incêndios, desastres naturais e outras catástrofes. A rotina desse profissional é se preparar para as emergências, mantendo o ritual dos treinamentos, investigando pequenos vazamentos de gás, por exemplo, e atendendo a população em situações isoladas. Quem apaga incêndio todos os dias, por outro lado – e não estamos nos referindo aos bombeiros –, não consegue se preparar nem para as pequenas questões da rotina nem para urgências de ordem maior. A velha máxima de que nunca se deve deixar para amanhã o que se pode fazer hoje é capaz de produzir equívocos, pois acabamos agindo de maneira apressada e imponderada. Às vezes o melhor é postergar uma decisão, aguardar um pouco para tomá-la, já que em algumas situações o próprio tempo se encarrega de trazer as soluções para resolver o problema. Quando não se analisa a questão cautelosamente, uma tomada de decisão precipitada e impulsiva pode levar a erros desnecessários e até incontornáveis.

Pense agora em um salva-vidas em uma praia cheia durante um dia de feriado. Seu estado de sentinela e guarda é constante. Mas note que sua aparência é calma, tranquila, há certa placidez em seu olhar. Ele denota e transmite segurança, a ponto de fazer com que alguns banhistas acabem por se arriscar, mas está sempre atento para que, a qualquer emergência, possa socorrer a vítima. Esse é o objetivo de um líder humanizado. Ele deve criar condições para que a equipe se sinta segura e possa atuar sem a sensação de medo, pavor ou terror, provendo um espaço de trabalho propício ao adequado desempenho das pessoas, a ponto de elas se sentirem, inclusive, inclinadas a se arriscar e inovar. Esse é um aspecto para o qual a liderança deve sempre se voltar: a criação de um ambiente o mais adequado possível para a equipe atingir suas metas e objetivos e até ir além, construindo caminhos alternativos e viáveis.

Nessa perspectiva, as equipes que se concentram só em discutir problemas acabam por ser menos produtivas e precisam de estímulos mais intensos para se motivar a trazer soluções. De modo geral, perdem muito tempo debatendo tudo o que não pode ou não dá para fazer e menos pensando em alternativas que poderiam resolver a questão posta. Equilibrar o tempo investido no diagnóstico do problema e o tempo para a elaboração de propostas é uma via que dá mais energia aos grupos para compartilhar ideias e soluções. Quando se entende que o problema é motriz, e não meta, ou seja, que ele deve ser um ponto de partida para a solução e implementação das práticas adequadas, mas nunca o foco do trabalho em si, os resultados começam a aparecer mais rapidamente; a organização do trabalho, a rotina e os métodos acabam fluindo, de maneira que a visão contextual e sistêmica passa a ser compartilhada por todos. Olhar para o problema simplesmente como um problema colabora muito pouco para a solução. O tempo do líder deve ser mais dedicado a orientar as equipes na investigação, análise, conclusão e síntese das situações, facilitando assim a identificação de soluções.

Em ambientes mais duros, muito normatizados e burocráticos, onde imperam a falta de liberdade e autonomia para ter novas ideias, os colaboradores sonhadores acabam tendo dificuldades de explorar suas habilidades e competências. Cabe ao líder ter sensibilidade, ser generoso, gentil, colaborativo e humano, sem deixar que o ambiente de pressão o contamine e acabe o levando a dedicar seu tempo apenas a problemas e à rotina. Ele deve ser capaz, entre muitas outras coisas, de se afastar do cotidiano, sem perder a sensibilidade do que está acontecendo no ambiente, e construir as condições para que as pessoas deem suas colaborações. Insanidade, como bem disse Einstein, é continuar fazendo sempre a mesma coisa e esperar resultados diferentes, mas mais insanidade ainda é cultivar um ambiente no qual as pessoas não se sintam à vontade para colaborar e discordar.

A partir do exemplo da liderança, é possível transmitir ideias e comportamentos. A maneira como o gestor se relaciona com os colegas, tanto na vida profissional como na vida pessoal, sua postura diante daquilo que vivencia e as escolhas que faz dizem muito sobre sua condução e a mensagem que deseja transmitir à sua equipe. Sua visão sobre o mundo pode influenciar as pessoas a enxergar um cenário de forma mais ou menos pessimista, otimista ou realista, sem se eximir de tomar partido em uma situação. A atitude de um líder diante de um copo pela metade, enxergando-o meio vazio ou meio cheio, impacta os colaboradores e a forma como passarão a agir e reagir diante dos desafios cotidianos.

Em ambientes nos quais os gestores criam um sentimento de desconfiança, sendo arrogantes e insensíveis às necessidades das pessoas, os resultados tendem à mediocridade e à mesmice. Pode parecer óbvio que os líderes não têm a intenção de ser ineficientes, o problema é que nem sempre eles se dão conta de quais mudanças são necessárias para estimular o potencial máximo de cada um, sem que para isso seja preciso se tornar alguém inatingível, insensível e supremo. Quando o líder não incentiva o respeito e não compreende nem suas vulnerabilidades nem as da equipe, as pessoas tendem a ser extremamente perversas com os sonhos das outras. Uma boa solução apresentada por um colaborador pode ser destruída pela simples falta de colaboração e acolhimento da ideia por parte de outro colega, que muitas vezes quer se mostrar mais realista que o rei.

A competição no ambiente de trabalho pode ser construtiva ou destrutiva, vai depender de como a liderança a apresenta e dos valores que a norteiam. Deve-se considerar que os estímulos podem unir ou dividir os indivíduos. Por isso é tão importante o direcionamento que o líder dá à sua equipe, seja nos contextos de emergência ou de oportunidade. Se deixamos de acreditar em opções de ganho mútuo e passamos à mentalidade de que o sucesso de um significa o insucesso de outro, estamos minimizando ganhos a longo prazo ou mesmo indo na direção do fracasso. Ainda que toda competição possa ter um caráter lúdico, a exacerbação dos ânimos tende a se tornar contraproducente.

Fazer uma analogia com o frescobol e o tênis para falar da relação entre colaboração e competição pode ser elucidativo. Se no primeiro a diversão está em manter a bola em movimento sem que ela caia no chão, no outro está em superar o adversário. Alguém que joga tênis por lazer vai procurar um parceiro que o desafie, mas sem que o sobreponha completamente. Nessa relação, embora seja comum que haja um aprimoramento mútuo, isto é, que uma pessoa aprenda com a outra e que elas se desenvolvam juntas, melhorando o desempenho, as habilidades e o condicionamento físico, a competição está presente e a superação do adversário é uma meta. Já no frescobol, embora faça parte da diversão testar os limites do parceiro, o jogo é essencialmente colaborativo. Desafiar o outro, nesse caso, será sempre uma relação de ganho mútuo e de aprendizado conjunto – os jogadores vão precisar se aprimorar para continuar jogando, mas superar o outro não é a meta principal.

O aprendizado, o alinhamento e a superação de desafios em uma equipe são fatores que dependem prioritariamente do comportamento e da ação do líder. É de sua responsabilidade proporcionar as condições necessárias para que esses fatores se façam presentes e não permitir que indivíduos se isolem e, assim, deixem de se beneficiar do convívio coletivo. Atuar para a mudança das pessoas, de seus comportamentos e atitudes é uma tarefa muito difícil, pois esbarra na compreensão individual da realidade e nas crenças de cada um. O líder esclarecerá a separação entre pensamento e sentimento e ajudará na tomada de consciência dos objetivos e metas compartilhados. Esse equilíbrio é fundamental para os resultados. É da liderança a incumbência de alinhar pensamento e discurso ao que se quer alcançar, dialogando com a equipe sobre entendimentos, conceitos, objetivos e metas. Esse é um duro exercício, mas fundamental na gestão de pessoas e no fortalecimento da liderança.

Nesse processo de liderar para gerar aprendizado, o líder precisa recorrer à gestão do dia a dia, do arroz com feijão, ficando atento aos "ladrões" de atenção, de tempo e de foco. É necessário priorizar, buscar o centro e apontar a direção a ser seguida, em vez de ficar somente na margem dos problemas e das falsas prioridades.

Os líderes exemplares inspiram alto desempenho por se mostrarem convictos do poder dos liderados para alcançar até os objetivos mais desafiadores (Posner; Kouzes, 2013). Eles precisam acreditar nas capacidades e potenciais alheios e que as coisas podem ser realizadas de uma forma diferente para fazer coisas extraordinárias acontecerem. O sucesso está na capacidade de empreender, implementar e realizar – e não se obtêm resultados esquecendo das pessoas, vitais em qualquer negócio. Daí a importância de preparar, de modo constante e permanente, aqueles que ocupam cargos de liderança.

Erros acontecem e devem ser entendidos como parte do processo de aprendizagem. São plenamente humanos e criam condições para a expansão e os acertos. Saber aceitá-los e seguir em frente desenvolve um ambiente propício à inovação e à execução do trabalho com autonomia e segurança – e, parafraseando a célebre frase, não sabendo que algo é impossível, pode-se ir em frente e fazer acontecer.

Ter que retraçar um caminho do qual se tinha tanta certeza, mas que acabou trazendo resultados insuficientes ou adversos, pode ser um processo difícil de aceitar. Por outro lado, assumir celeremente que a rota inicialmente planejada está errada pode representar o encerramento antecipado de um projeto que não daria certo, poupando tempo e recursos. Muitas vezes sacrificar algo a que se dedicou tempo e esforço acaba possibilitando realocar recursos para projetos com melhor retorno e perspectivas positivas. Afinal, embora se reconheça que se perde parte do que foi investido, não se deve esquecer de que passar por esse tipo de experiência resulta em aprendizado e economia.

Para isso, é necessário aceitar a crítica, ter autocrítica e lidar com o insucesso de maneira natural. É normal se apegar àquilo a que se dedica energia, contudo, ter uma abordagem reflexiva do erro é um processo de desapego importante, que deve ser encarado. O que não se deve aceitar é o erro sistêmico, sem reflexão, sem aprendizado, que não gere significado e transcendência. Reconhecer o erro faz parte do processo construtivo e pode ser um motor de transformação – não se aprende apenas com o processo construtivo de um projeto finalizado e entregue, mas também com o insucesso.

É por isso que o líder precisa criar condições que permitam às pessoas sonhar, abrindo espaço para a inovação. Afinal, o que custa sonhar? Nada. No ambiente organizacional, para sonhar nem é preciso dormir. Talvez o necessário seja apenas um pouco de tempo, fundamental para a reflexão, a liberdade de pensamento e a geração de soluções criativas. A imaginação abre as portas para o novo e viabiliza avistar possibilidades provenientes da colaboração.

Dunker (2017, p. 225) diz que "a falta de dedicação aos sonhos e projetos leva a decepções que confirmam a insuficiência e impotência, reduzindo a autoestima". E, se o que se pretende é uma equipe motivada e produtiva, dar espaço para que as pessoas possam sonhar e errar é um caminho que oferece perspectivas futuras. As pessoas se sentem mais motivadas quando percebem que fazem parte de algo e pertencem a um lugar especial onde querem estar, onde sentem que podem colaborar e ser úteis.

Transformando a si mesmo: o líder que queremos ser

> Adoramos a perfeição, porque não a podemos ter; repugna-la-íamos se a tivéssemos. O perfeito é o desumano porque o humano é imperfeito.
>
> FERNANDO PESSOA

A pergunta que tenho buscado responder ao longo deste livro é: como ser um bom líder e gestor? Essa reflexão está ancorada nas experiências e valores que constituem a minha trajetória profissional. O ideal de liderança aqui proposto representa uma mudança de paradigma, em que a hierarquia é exercida de forma mais humanizada, democrática e cooperativa; uma liderança diretiva, sim, mas não impositiva e autoritária. Imagino que neste ponto ainda caiba um outro questionamento: será que é necessário ter uma pessoa para conduzir, orientar, acolher e tomar decisões? Será mesmo fundamental a figura do líder?

A liderança é o corpo em torno do qual a equipe orbita, gravita, é a faísca indispensável que ajuda a mover, unir e equilibrar o grupo. Nessa imagem, cada pessoa é um astro com seu próprio sistema gravitacional, cada qual com sua complexidade, que permitem que outros astros menores também orbitem seu campo de força. Uma equipe equilibrada, com um líder que brilha e permite brilhar, é o que mantém esse sistema multidimensional funcionando.

A energia do líder, sua motivação devem ser pautadas pelo movimento de mudança e transformação. É ele quem orienta a equipe rumo ao destino definido a partir da missão organizacional. Mas essa condução do dia a dia deve ser um exercício coletivo, mais horizontal, mais participativo. O super-herói ficou para trás.

Voltando a outras perguntas que permeiam este livro: qual é o líder ideal e qual líder queremos ser? Esta é sempre uma descoberta muito individual, que leva tempo e vai sendo conquistada conforme atitudes e comportamentos vão sendo lapidados ao longo da jornada. Fundamentalmente, a formação da liderança carece de escolhas coerentes, crenças e valores humanizados, entre os quais respeito e empatia devem ser alicerces, ajudando a edificar a confiança junto aos liderados.

No meu caso, o líder que quero ser é uma melhor versão de mim mesmo, alinhada com o significado que atribuo à minha relação com meu trabalho, com a organização à qual pertenço e, essencialmente, com as pessoas que me cercam. Ao constatar minhas reflexões e o que aprendi nessa jornada, descobri que foi ao passo que me conhecia, que me moldava, me mudava, que pude perceber os outros, que pude desejar não ser um super-herói infalível, muitas vezes insensível, sem vulnerabilidades e, sobretudo, desumano.

O desafio que lanço a você é despir-se, a cada dia, de qualquer fantasia, antes mesmo de sair de casa. Olhe para si próprio no ambiente de trabalho e se reconheça neste universo, sendo, antes de qualquer ação, líder de si mesmo. Perceba a empresa como um lugar de satisfação de determinadas necessidades suas. E, para isso, você precisa compreender quais são elas. Se preferir, procure identificar qual é o seu propósito e sua missão.

Fazer acordos consigo mesmo e observar como você os encara é um passo essencial para ascender e amadurecer em uma posição de liderança. Exatamente por compreender a si mesmo é que você poderá interpretar aqueles que o cercam, como pares e superiores, e encontrar as respostas necessárias para exercer a sua missão. Considere, inclusive, que nem todas as respostas serão evidentes e que maus exemplos podem servir de referência para o que você não deve adotar como base para suas atitudes e comportamentos.

A liderança impõe o fortalecimento dos laços entre o líder e sua equipe, entre o líder e seus pares e superiores, mas não podemos esquecer que, no fim das contas, o líder "está" líder. Ser líder não é algo intrínseco a alguém, mas uma posição, um lugar que se ocupa por determinado número de horas por dia. No restante do tempo, o líder é muitas outras coisas: companheiro, companheira, mãe, pai, amigo, amiga, irmão, irmã. Essa separação deve existir mesmo em uma empresa familiar, onde a mistura de papéis é mais fácil de existir. O fundamental é a centralidade da sua essência – esta, sim, deve emergir em qualquer situação.

Os membros de uma equipe trazem consigo competências, comportamentos e atitudes diversos, muitas vezes contraditórios e cheios de complexidades. Nesse contexto, é o líder o responsável por congregar as forças paradoxais que surgem das dinâmicas interindividuais e levá-las ao equilíbrio que desenvolve, transforma e, acima de tudo, potencializa a força da equipe. Não há como dizer que os resultados não são relevantes, afinal é por meio deles que o trabalho e o sucesso do líder são avaliados; contudo, é somente por meio das pessoas que eles se concretizam.

Nesse mar de correntezas de valores e interesses distintos, que geram tensão, pode haver certo desconforto em guiar um barco que deve alcançar sua máxima velocidade. Mas, se olharmos com atenção, veremos que algumas forças nos dão energia para realizar o trabalho e são essenciais para o movimento do barco – a maré, o vento, as correntes. Comandar o leme é enfrentar o desconforto para fazer aflorar o rendimento máximo. É poder ver e direcionar cada um dos responsáveis por cada tarefa, de maneira sistêmica, e deslizar sobre as águas em direção ao porto que o espera.

Assim como o capitão de um navio que não tem medo do mar aberto, o líder não deve temer explorar o potencial máximo do seu time e suas complexidades. A rota para alcançar um objetivo pode ser instável e raramente se mantém em linha reta, mas lidar com as incertezas faz parte do caminho, que muitas vezes pode ser revolto e, por isso, requer uma combinação de sensibilidade e resiliência.

A formação de um líder e de sua equipe seguem trilhas parecidas exatamente porque o líder é uma imagem ressaltada que se destaca. Ainda que não seja o espelho exato da liderança, a equipe reflete as imagens individuais que formam o grupo. O desafio do líder humanizado é inspirar todos a serem melhores versões de si mesmos. Nós, líderes e gestores, temos a responsabilidade de cultivar um ambiente de trabalho equilibrado, justo, respeitoso e alegre, do qual todos gostem e no qual todos queiram estar. Um espaço para a aprendizagem e a felicidade.

Essa construção é coletiva. A liderança é coletiva. A humanidade precisa ser um processo coletivo. Não nascemos prontos, e a evolução deve estar pautada na tomada de consciência e, fundamentalmente, no autoconhecimento. Erros e acertos fazem parte da natureza humana, e a busca deve ser por equilíbrio e harmonia para fazer florescer um ambiente saudável e sustentável.

Por fim, podemos então concluir que uma gestão humanizada deve sempre considerar as dimensões do ambiente, do coletivo e do indivíduo. O ambiente deve ser respeitoso, empático, diverso e inclusivo; o coletivo passa por entender quem são as pessoas que o compõem, como se comportam e agem; e o indivíduo precisa ser visto, compreendido e acolhido. Equacionar essas dimensões e também construir uma cultura de aprendizagem na qual todos se sintam motivados e felizes gerará senso de pertencimento.

Já dissemos aqui muitas vezes: um líder humanizado é aquele que busca a convergência e o alinhamento dos propósitos, metas, objetivos e missão da instituição com as necessidades, desejos e interesses do indivíduo. Mas, sobretudo, é fundamental questionar se estamos dispostos a mudar nossos próprios comportamentos, sem nos ampararmos em superficialidades e falsos aprofundamentos, sem cair na tentação e no autoengano de, ao olhar no espelho, enxergar uma imagem que não seja a nossa.

Discorrer sobre a liderança neste livro me fez olhar para o passado e rever a minha história de vida e a trajetória profissional que venho trilhando. Iniciei como aprendiz, hoje ocupo um cargo executivo e não posso deixar de perceber a importância de ter tido pessoas que me inspiraram, me apoiaram e me ensinaram.

Este livro não é uma obra definitiva, e sim um convite à reflexão. Não há certezas, mas experiências, acertos, erros e aprendizados. Trata-se de reconhecer que somos humanos, vulneráveis e que temos muito a desenvolver. São ao mesmo tempo intenções, desejos, vontades, mas também ações concretas.

Referências

ABRH BRASIL; UMANNI. *O cenário do RH no Brasil 2023*. [S. l.]: ABRH, 2023.

BERSIN, Josh *et al.* (ed.). *Global Human Capital Trends 2015*: Leading in the new world of work. [S. l.]: Deloitte University Press, 2015.

BORIN, Fernanda; FIENO, Priscila; SAMPAIO, Bernardo. Diversidade: inclusão ou estratégia. *Harvard Business Review Brasil*, [s. l.], out. 2015.

BORNHEIM, Gerd A. *Sartre*. São Paulo: Perspectiva, 2011.

BRADBERRY, Travis; GREAVES, Jean. *Emotional intelligence 2.0*. San Diego: Talent Smart, 2009.

CAMPBELL, Joseph. *O poder do mito*. São Paulo: Atlas, 1990.

CHARAN, Ram. *O líder criador de líderes*. Rio de Janeiro: Elsevier, 2008.

COOPER, Ann A. *Como ser um líder*. São Paulo: Cengage Learning, 2009.

CRAINER, Stuart. *O estilo Jack Welch de gerir*: as 10 lições de um dos maiores executivos da história. São Paulo: Editora Gente, 2009.

CUDDY, Amy J. C.; KOHUT, Matthew; NEFFINGER, John. Conecte-se, depois lidere. *Harvard Business Review Brasil*, [s. l.], jul.-ago. 2013.

DELOITTE. *Predictions 2015*: building a strong talent pipeline for the global economic recovery – time for innovative and integrated talent and HR strategies. 2014.

DUNKER, Christian. *Reinvenção da intimidade*: políticas do sofrimento cotidiano. São Paulo: Ubu, 2017.

É HORA de fazer uma faxina em seu cérebro? *Exame*, São Paulo, set. 2015. Disponível em: https://exame.com/revista-exame/e-hora-de-fazer-uma-faxina-em-seu-cerebro/. Acesso em: 20 ago. 2024.

ERICKSON, Tamara. Os líderes que criam ambientes colaborativos. Entrevistadora: Adriana Salles Gomes. *HSM Management*, São Paulo, n. 108, p. 48-52, 2015.

FERNÁNDEZ-ARÁOZ, Claudio. Caça a talentos no século 21: por que o potencial agora supera cérebros, experiência e competências. *Harvard Business Review Brasil*, [s. l.], jun. 2015.

FEUERSTEIN, Reuven. The theory of structural cognitive modificability. *In*: PRESSEISEN, B. (ed.). *Learning and thinking styles*: classroom interaction. Washington, DC: National Education Association, 1990.

GROYSBERG, Boris; ABRAHAMS, Robin. Administre seu trabalho, administre sua vida: concentre-se no que realmente importa. *Harvard Business Review*, [s. l.], mar. 2014.

HERZOG, Ana L.; MANO, Cristiane; VIEIRA, Renata. À prova de crise. *Exame*, p. 72-76, mar. 2016.

HUNTER, James C. *O monge e o executivo*. Rio de Janeiro: Sextante, 2004.

INTEGRAÇÃO ESCOLA DE NEGÓCIOS; ASSOCIAÇÃO BRASILEIRA DE TREINAMENTO E DESENVOLVIMENTO (ABTD). Pesquisa Panorama do Treinamento no Brasil – 2022/2023. [S. l.]: Integração Escola de Negócios: ABTD, 2023.

JUNG, Carl G. *O homem e seus símbolos*. Rio de Janeiro: Nova Fronteira, 1977.

KIM, Chain W.; MAUBORGNE, Renée. A liderança do oceano azul. *Harvard Business Review Brasil*, [s. l.], maio 2014.

LIDERANÇA: como o caráter pode influir nos lucros. *Harvard Business Review Brasil*, [s. l.], abr. 2015.

MAQUIAVEL. *O príncipe*. Rio de Janeiro: Nova Fronteira, 2022. (Coleção Clássicos Para Todos).

MATOS, Jorge; PORTELA, Vânia. *Talento para a vida*: alavancar pessoas e organizações através do comportamento. Rio de Janeiro: Etalent, 2006.

MESHANKO, Paul. *The respect effect*: using the science of neuroleadership to inspire a more loyal and productive workplace. New York: McGraw-Hill Education, 2013.

NIETZSCHE, Friedrich. *Assim falou Zaratustra*: um livro para todos e para ninguém. Rio de Janeiro: Civilização Brasileira, 2010.

ONFRAY, Michael. *A potência de existir*: manifesto hedonista. São Paulo: WMF Martins Fontes, 2010.

PESHAWARIA, Rajeev. *Too many bosses, too few leaders*: the three essential principles you need to become an extraordinary leader. New York: Free Press, 2011.

POSNER, Barry; KOUZES, James. *O desafio da liderança*: como aperfeiçoar sua capacidade de liderar. Rio de Janeiro: Elsevier, 2013.

ROSA, João Guimarães. *Grande sertão*: veredas. Rio de Janeiro: Nova Fronteira, 2001.

SCHERER, Aline. A química da mente produtiva. *Exame*, n. 1155, fev. 2018.

SCIOTTI, Lucila M. S. *Horizontes para a liderança*: para onde nos levam nossos modelos, crenças e ações. São Paulo: Editora Senac São Paulo, 2019.

SELIGMAN, Martin E. P. *Felicidade autêntica*: use a psicologia positiva para alcançar todo o seu potencial. Tradução Neuza Capelo. 2. ed. Rio de Janeiro: Objetiva, 2019.

UM LÍDER de sucesso. *Melhor: gestão de pessoas*, p. 12-14, out. 2015.

VIEIRA, Isabel. Conceito(s) de burnout: questões atuais da pesquisa e a contribuição da clínica. *Revista Brasileira de Saúde Ocupacional*, São Paulo, v. 35, n. 122, p. 269-276, 2010.

WAYTZ, Adam; MASON, Malia. Seu cérebro em funcionamento. *Harvard Business Review Brasil*, [s. l.], 2014.

YOGANANDA, Paramahansa. *Autobiografia de um iogue*. Brasil: Self-Realization Fellowship, 2013.